NOTES ET IMPRESSIONS

SUR

LA TUNISIE

PAR

J. DAUBEIL

Ouvrage orné de gravures d'après des photographies

PARIS

LIBRAIRIE PLON

E. PLON, NOURRIT ET Cie, IMPRIMEURS-ÉDITEURS

RUE GARANCIÈRE, 10

1897

Tous droits réservés

NOTES ET IMPRESSIONS

SUR

LA TUNISIE

PARIS. TYP. E. PLON, NOURRIT ET Cie, 8, RUE GARANCIÈRE. — 2354.

NOTES ET IMPRESSIONS

SUR

LA TUNISIE

PAR

J. DAUBEIL

Ouvrage orné de gravures d'après des photographies

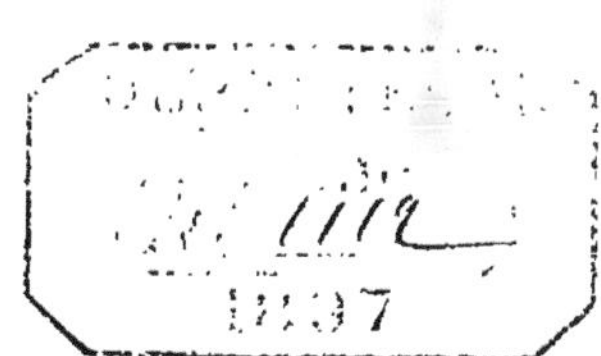

PARIS

LIBRAIRIE PLON

E. PLON, NOURRIT et Cie, IMPRIMEURS-ÉDITEURS

RUE GARANCIÈRE, 10

1897

A

F. LARNAUDE

son vieux camarade.

J. DAUBEIL.

AVANT-PROPOS

Après deux ans de séjour en Tunisie,
lorsque je revins en France, je fus frappé
de l'ignorance absolue et des préjugés que
je rencontrai sur ce beau pays. Cependant,
c'est un protectorat français, presque une
colonie, placé à notre porte.

C'est alors que l'idée me vint de réunir
mes notes de voyage et, m'aidant de mes
souvenirs et de mes études de peintre,
d'essayer sans parti pris de le montrer tel
que je l'ai vu. En écrivant ce volume, j'ai
donc été guidé, non par le futile plaisir de

raconter un voyage et de dire comme le pigeon voyageur de La Fontaine :

J'y étais ; telle chose m'advint,

mais par le désir sincère de mettre en lumière un pays admirable et des populations très intéressantes, qu'un peu d'adresse attacherait facilement à notre nation.

Je ne sais si j'ai réussi ; mais j'espère que le lecteur me saura gré de l'effort et ne se montrera pas trop sévère.

Août 1896.

NOTES ET IMPRESSIONS

SUR

LA TUNISIE

CHAPITRE PREMIER

ARRIVÉE A TUNIS. — IMPRESSIONS.

Je débarquai à Tunis pour la première fois un soir de novembre 1888. La traversée avait été mauvaise; en quittant Marseille, nous avions essuyé une forte tempête, et notre paquebot, *le Moïse*, avait des avaries assez sérieuses et un jour de retard. Vers le soir, le vent s'était calmé, et maintenant nous glissions lentement sur une mer immobile, éclairés par les rayons d'une lune brillante. La nuit, tiède et transparente, laissait voir la côte aussi nettement qu'en plein jour.

1

En face, Tunis allongeait autour de son lac une ligne de maisons blanches piquée d'une infinité de lumières rouges, dont les reflets tremblotaient sur l'eau. A droite, Sidi-Bou-Saïd laissait entrevoir son promontoire couronné de maisons mauresques, et, à gauche, de hautes montagnes profilaient dans le vague leurs bizarres découpures.

Autour de nous, des silhouettes de navires à l'ancre semblaient endormies dans l'ombre de leurs voiles, et le calme paisible de la nuit n'était troublé que par le puissant sifflet de notre machine.

Au loin, un autre sifflet répondait comme un écho et se rapprochait à chaque minute : c'était la chaloupe à vapeur qui servait à débarquer les passagers à la Goulette. A cette époque, Tunis n'avait pas de port, comme du reste les autres villes du littoral de la Régence ; les navires ne pouvaient approcher de la côte par le peu de profondeur des bas-fonds et restaient en rade à plusieurs kilomètres ; d'où la nécessité d'un transbordement. Depuis, on a creusé un port, et un canal traversant le lac permet d'aborder directement aux quais de la ville.

Un quart d'heure après avoir quitté le *Moïse*, j'étais à la Goulette. Un quai recouvert d'une énorme charpente, à peine éclairé par quelques lanternes, deux ou trois douaniers, des magasins en planches et une barrière auprès de laquelle étaient accroupis des portefaix arabes, tels étaient les objets peu décoratifs qui frappaient les yeux du nouvel arrivant. Un peu plus loin, un étroit canal, couvert de felouques arabes et italiennes, servait de port et de communication avec le lac.

La visite de la douane fut courte, les employés tunisiens n'ayant pas encore pris, comme leurs collègues de France, l'habitude de molester les voyageurs.

La Goulette est reliée à Tunis par un chemin de fer italien de la Compagnie Rubbatino; mais à cette heure indue (il était onze heures du soir) il n'y avait plus de train. Il fallait aviser et se procurer des voitures si l'on voulait coucher à Tunis.

Après un léger conciliabule, c'est le parti que prit la douzaine de Français que j'avais pour compagnons de voyage. Un Arabe fut envoyé à la Goulette au petit trot, et peu après arrivaient à grand bruit de fouet quelques vénérables carrosses datant d'un demi-siècle. Le prix débattu et fait non sans peine, les portefaix empilaient tant bien que mal voyageurs et bagages, et nous partions au bruit des sonnettes et des grelots dont les chevaux étaient couverts.

J'avais pour voisins deux croupiers expédiés de Paris pour renforcer le personnel d'un cercle tunisien; un de leurs acolytes, venu à leur rencontre, les mettait au courant des nouvelles locales. C'était d'un médiocre intérêt; aussi, m'enfonçant dans mon coin, je me mis à considérer le paysage. Après

avoir traversé rapidement les rues de la Goulette, bordées d'eucalyptus et de maisons
basses, nous étions en rase campagne. Un
terrain aride, caillouteux et marécageux,
semé de quelques touffes d'alfa et de joncs,
annonçait le voisinage du lac; sur un monticule, quelques maigres oliviers s'alignaient
mélancoliquement, et plus loin le carré gri-
sâtre d'un bordj arabe se détachait d'un bou-
quet d'arbres surmonté d'un panache de
palmiers. C'était triste et délabré ; était-ce
donc là cette terre d'Afrique que les poètes et
les peintres avaient décrite sous de si riches
couleurs ?

Depuis une heure déjà, nous roulions durement cahotés sur une sorte de piste, et
nous longions une haute muraille dont l'ombre
épaisse coupait la route en deux, lorsque
brusquement la voiture s'arrêta. Dans l'encadrement de la portière apparut une face
noire aux yeux brillants, à demi enveloppée
dans un burnous; puis une main tout aussi

noire nous promena une lanterne sous le nez. Nous étions à Tunis, à la porte Bab-el-Khradra, et un Marocain de garde venait nous reconnaître. Après quelques pourparlers, le chef du poste fit ouvrir la porte, et la voiture fila par une petite rue mal pavée, aux maisons basses garnies de grillages, aux portes cintrées; enfin nous débouchions sur une grande avenue déserte, la Marine, et nous nous arrêtions devant le Grand-Hôtel.

Je n'avais pas eu, comme mes compagnons de route, la sage précaution de retenir une chambre par dépêche. L'hôtel était bondé de voyageurs, et je n'aurais su que devenir, si une âme charitable ne s'était offerte à me conduire dans le voisinage, à l'hôtel Africain.

Quatre murs blanchis à la chaux, un carrelage de marbre, pour mobilier un lit de fer, une toilette, deux chaises : voilà ma chambre. C'était un piètre avant-goût des splendeurs africaines; mais la fatigue l'emporta sur les réflexions, et je m'endormis bientôt, rêvant aux palais des *Mille et une Nuits*.

Le lendemain, je m'éveillai de bonne heure, impatient de visiter la ville; un gai rayon de soleil, qui se jouait sur les carreaux, augmentait encore mon envie, et je m'habillai lestement. J'avais des lettres de recommandation à remettre à quelques personnes; mais l'heure était trop matinale pour faire des visites, et je descendis dans la rue pour flâner à l'aventure. A quelques pas de l'hôtel, je me trouvai sur l'avenue de la Marine, que j'avais vue la veille si déserte, et je m'arrêtai net, stupéfait et émerveillé de ce que j'avais sous les yeux.

Sur la chaussée étincelante de soleil s'agitait une foule compacte, bariolée des couleurs les plus invraisemblables, et qui cependant se fondait en une harmonie admirable : ici, les burnous blancs des Arabes ; là, les vestes bleues et les turbans noirs des Juifs ; à côté, les couvertures rayées des négresses, les larges chapeaux crasseux des Siciliens, les calottes de fourrure des Maltais, une mer de chéchias rouges, de vestes et de turbans multicolores ; à travers la cohue, la culotte rouge d'un zouave ou le dolman bleu d'un chasseur d'Afrique ; des chevaux aux longues selles arabes, des chameaux, des bourriquots chargés d'oranges, des voitures, des tramways ; bref un mélange étrange de civilisation et de vie primitive, un diminutif de la tour de Babel ; tout cela marchant, courant, gesticulant, criant dans tous les idiomes connus et inconnus.

Au fond, au-dessus de la foule, une porte mauresque détachait vigoureusement sur le blanc des maisons ses créneaux brunis par le temps et son plein cintre monumental. C'était la porte de France (primitivement Bab-el-Bahr, porte de la mer), celle qui jadis fermait la ville arabe du côté de la mer, avant que l'occupation française eût pris sur le lac l'emplacement du quartier européen.

Je restai quelque temps à savourer ce délicieux tableau ; je compris alors cette incom-
parable lumière d'Afrique, inconnue à l'Europe, qui enveloppe et adoucit les couleurs
les plus disparates et donne aux ombres des
reflets et une transparence incompréhensibles
pour ceux qui ne l'ont pas vue.

1.

CHAPITRE II

VUE GÉNÉRALE DE TUNIS ; LA VILLE ARABE ;
LES RUES, LES BOUTIQUES.

Ma modeste installation rapidement terminée, je me mis à parcourir la ville et ses
environs.

Tunis se divise en deux parties bien dis-
tinctes : la ville arabe, entourée de ses murailles, et le quartier européen, récemment
bâti hors de la vieille enceinte, sur les bords
du lac.

On a évité ainsi l'erreur absurde et déplorable qui a fait, en Algérie, détruire les villes
arabes pour les remplacer par des constructions européennes qui ne sont en rapport ni
avec le climat, ni avec les habitudes des
pays chauds.

TUNIS — RUE SIDI-BADJEB

Le quartier européen n'a rien de particulier : des avenues larges, bien aérées, des
maisons à quatre étages, une promenade
plantée d'arbres, la Marine, où se trouve la
Résidence française, et un quartier italien
assez malpropre. Voilà à peu près ce qu'il a
de plus saillant.

La vraie Tunis, Tunis la Blanche, comme
disent les vieux historiens arabes, est bâtie
en amphithéâtre sur une colline au bord du
lac. De la porte Sidi-Abdallah, un des points
culminants, on se rend exactement compte
de sa disposition.

Imaginez un amoncellement de petits cubes
blancs, assez semblables à des dés à jouer, et
descendant par gradins jusqu'à la mer. L'ensemble se fond en une large tache laiteuse à
peine interrompue de-ci de-là par la note
verte d'un palmier ou les faïences colorées
d'un minaret ; en avant, le lac Baïra, dont la
nappe verte se pique par endroits de troupes
de flamants roses ; au loin la mer d'un bleu

puissant. A gauche du lac, sur la colline où fut Carthage, le village de Sidi-Bou-Saïd et le couvent de Saint-Louis, construit par le cardinal Lavigerie pour les Pères Blancs. A droite, dans une buée transparente, la côte découpée du cap Bon, sur laquelle se détachent les marabouts de Sidi-Ben-Hassein, et les crêtes bleues du Djebel-Rassas.

Tel est l'aspect gai et coquet que présente Tunis des hauteurs qui la dominent.

L'enceinte, formée de hautes murailles jaunâtres, crénelées, est défendue par quelques tours rondes. Sept portes d'une grande simplicité donnent accès dans la ville ; un grand carré de pierre roussâtre enferme leur plein cintre, soutenu parfois par des colonnes de marbre. Elles sont toutes intactes, sauf Bab-el-Fellah, dont les vantaux délabrés pendent piteusement à des murs croulants. A l'entrée sont accroupis, le bâton à la main, les Marocains de garde, chargés de percevoir les droits d'octroi ; en dehors des murs stationnent les caravanes avec leurs chameaux et leurs bourriquots.

A l'intérieur, les rues sont très intéressantes par le mouvement incessant de la population et d'un aspect spécial. Dans les pays chauds, à l'opposé des pays du Nord, on vit plus en plein air qu'à l'intérieur. Les rues du quartier arabe sont blanches, propres, et contrastent par leur gaieté avec les ruelles sombres et puantes du quartier juif; mais leur enchevêtrement compliqué demande une grande habitude pour ne pas s'y perdre. L'ennemi étant le soleil, la nécessité de s'en préserver avant tout et de trouver l'ombre les a fait faire étroites et contournées.

Bien qu'à première vue elles aient toutes un air de ressemblance, lorsqu'on les examine en détail, on leur découvre un caractère distinct selon les quartiers.

Entrons, par exemple, dans la rue des Étoffes, une de celles qui avoisinent le tombeau des beys. C'est une rue calme et aristocratique ; aucune boutique de marchand, mais de grandes façades badigeonnées à la chaux. Peu d'ouvertures sur la rue ; la vie se concentre à l'intérieur. Au premier étage, quelques fenêtres étroites sont garnies de grilles en fer ouvragé, ou d'un treillis serré de bois peint en vert ; parfois le passant lève la tête au bruit des rires et des chuchotements. Ce sont les femmes et les enfants qui s'amusent derrière cet abri.

Les portes cintrées, faites d'épais madriers, ont un encadrement de marbre rose finement sculpté que portent d'élégantes colonnettes. Sur les panneaux, d'énormes clous à tête ronde dessinent les arabesques les plus variées, et deux larges anneaux en fer, quelquefois terminés par une main, servent de marteau pour appeler les habitants.

A un angle de la rue, un marabout arrondit sa coupole blanche à travers les branches vertes d'un oranger. Il règne un calme profond ; à peine si, de temps à autre, le bruit d'une porte, d'un marteau ou les voix de quelques rares passants troublent le silence. Aucune voiture n'y passe, mais seulement quelques bourriquots chargés de fruits ; rarement même un chameau allonge sa maigre silhouette sur un mur blanc.

A certaines heures de la journée, de graves personnages circulent lentement, drapés dans des vêtements de couleurs tendres. Le rose, le gris perle, le bleu pâle, le jaune citron, mêlent alors leurs notes harmonieuses à l'éclat des murailles ; des souliers vernis, des bas blancs, un burnous de laine fine et un turban jaune complètent ces costumes de riches citadins.

Dans les rues voisines, rue des Cinq-Doigts, rue des Juges, c'est la même solitude. Une porte entr'ouverte laisse apercevoir dans l'ombre un large vestibule décoré de faïences ; étendu sur un banc de marbre sculpté, le gardien, un nègre, fume nonchalamment sa cigarette en regardant la rue.

Des Arabes de la campagne attendent accroupis auprès de la porte : c'est la demeure d'un personnage influent que ses clients viennent solliciter, une réminiscence sans doute des coutumes romaines.

Par endroits, faisant un trou noir dans la muraille, la rue s'enfonce à travers les maisons sous de lourdes voûtes aux piliers massifs, ou bien de légers arcs de maçonnerie relient ses deux côtés, servant ainsi de passage d'une terrasse à l'autre.

Dans les quartiers populeux, comme Halfaouïne et Bab-Djedid, c'est tout autre chose. Les maisons, petites, basses (ordinairement un rez-de-chaussée), sont garnies d'étroites boutiques que protègent mal des auvents de bois. Ce sont des ouvertures carrées, sans vitre et sans porte, séparées de la rue par un petit mur d'un mètre de haut ; une tablette de bois appliquée extérieurement remplace le comptoir. Le marchand s'y tient assis ou accroupi au milieu de ses marchandises.

Le soir, il quitte son magasin pour sa maison, qui est toujours distincte, et le ferme par des volets munis d'énormes verrous et de cadenas. Si elle est solide, la serrurerie arabe est loin d'être délicate ; les clefs des portes sont gigantesques, et je me souviens toujours de celle que j'avais lorsque j'habitais le quartier arabe : je n'ai jamais eu de poche assez profonde pour la faire entrer complètement.

Malgré leur chétive apparence, ces magasins donnent cependant à la rue de l'animation et un cachet bien original.

Ici, l'épicier étale ses produits multiples, depuis la chandelle d'une caroube jusqu'à ses bocaux et ses chapelets de piments rouges ; là, un mercier couvre ses murs d'étoffes aux couleurs éclatantes. Chez le fruitier, les couffins débordent de citrons, de grenades, et au milieu des monceaux de dattes et de pistaches, des branches d'oranger fraîchement cueillies laissent pendre leurs fruits dorés.

Un marchand de tabac empile des cigarettes et des montagnes blondes de tabac d'Orient; un notaire émerge du milieu des parchemins roulés, des sacs à procès, pour écouter les doléances d'une femme voilée.

A deux pas, un barbier rase ses pratiques sur une natte, et le caouadji verse prestement le café dans de minuscules tasses à ses clients assis à l'arabe, en tailleur. Le long des murs s'alignent en rangs d'oignons des portefaix reconnaissables à leurs paquets de cordes; accroupis sur leurs talons, ils discourent en fumant leurs cigarettes.

Au milieu de la rue grouille une foule bruyante et affairée; les bourriquots trottinent avec leurs paniers, houspillés à grands coups de bâton par leurs conducteurs; les chameaux allongent silencieusement leurs cous et leurs longues jambes. Tous les costumes, toutes les classes se confondent et se mêlent; le burnous rapiécé de l'Arabe des champs frôle la djebah élégante du citadin, le haïck blanc et le voile. brodé des Tunisiennes, la robe bleue des femmes du Sud.

Quelquefois débouche une voiture fermée, une *carossa,* avec son cocher chamarré de broderies; la cohue s'ouvre, livre passage et se referme.

Une dispute s'élève entre deux hommes, sans doute pour quelques sous; ils crient à tue-tête, se mettent les mains sous le nez en s'injuriant. L'un d'eux même a saisi son adversaire par un pan de son burnous et prend les assistants à témoin. Il n'est pas rare alors de voir les deux parties arrêter au passage quelque vieillard et le prendre pour juge de leur différend. Celui-ci les écoute gravement, réfléchit et donne son avis, qui est toujours écouté et met fin à la querelle. Cette justice expéditive et amiable vaut bien nos interminables procès et montre un côté patriarcal de la vie arabe.

Dans la foule, les marchands circulent, criant leurs marchandises, pâtisseries, oranges, dattes, etc. La plupart portent leur charge sur la tête; quelques-uns ont des brouettes, d'autres de petits ânes.

Mais c'est devant le restaurateur que se passent les scènes les plus drôles. N'allez pas imaginer un restaurant comme les nôtres; c'est simplement une sorte de boutique noirâtre où se vendent quelques plats tout préparés. Un fourneau en brique sert à faire cuire les aliments dans des marmites de terre; en avant du comptoir, dans des plats vernissés, verts ou bruns, s'étalent les produits habituels de la cuisine arabe, des olives frites ou crues, des piments cuits à l'huile, du mouton assaisonné d'une sauce brune, des pyramides blanches de couscous, et quelques piles d'assiettes. Armé d'une grande cuiller, le gargotier distribue magistralement la nourriture à ses pratiques.

Lorsque j'habitais le Souk-el-Belat, souvent je me suis arrêté, vers midi, devant un de ces restaurants, qui avait la clientèle des apprentis menuisiers du quartier, et certes le spectacle en valait la peine.

Dès que le muezzin de la mosquée voisine avait, du haut du minaret, annoncé midi, les apprentis sortaient de toutes parts en foule et accouraient à la gargote, criant, se bousculant comme une volée de moineaux francs. C'était une cohue de chéchias, de bras levés, de vestes blanches et de mines futées et rieuses. Le gamin tunisien, très intelligent, rendrait des points comme malice au gavroche de Paris. Et il fallait entendre les trésors d'éloquence qui se dépensaient pour obtenir un bon morceau! Les adjectifs les plus tendres étaient prodigués à foison au gargotier; les uns l'appelaient mon petit père, d'autres mon oncle, d'autres mon grand-père. Si la ration était bonne, son heureux possesseur lui envoyait une bénédiction et emportait son assiette en courant. Mais si la part était faible ou la sauce peu abondante, c'étaient des cris et des récriminations à rendre l'ouïe à un sourd. Lui, cependant, impassible au milieu de ce charivari, continuait à distribuer automatiquement les rations avec sa grande cuiller.

J'eus, un jour, la curiosité de vouloir goûter cette cuisine. En compagnie d'un ami, je m'installai dans l'arrière-boutique d'un restaurant arabe qu'on nous avait indiqué comme le meilleur; par prudence, cependant, nous avions apporté nos couteaux et nos fourchettes. Eh bien, nous en sommes sortis enchantés, après avoir fait un véritable festin de couscous, de schetchouka, etc., le tout pour la forte somme de vingt-cinq sous par tête; il est vrai que le vin manquait, mais avec les plats épicés à outrance l'eau est préférable. C'était excellent, très propre, et je recommande la chose aux amateurs de nouveautés culinaires.

L'Arabe, lui, dépense peu pour sa nourriture : un plat de trois ou quatre sous, un petit pain d'orge et un grand coup d'eau suf-

TUNIS — AVENUE BAB-MÉNARA

fisent à le rassasier. A Kairouan, la portion coûte trois sous; à Tunis, elle monte à six ou huit sous; sans doute, l'exemple de la friponnerie donné par les Européens n'est pas perdu pour l'Arabe de Tunis.

CHAPITRE III

LES MARCHÉS, LES SOUKS.

Dans toutes les villes arabes, il y a deux sortes de marchés : les marchés en plein air et les souks ou marchés couverts. A Tunis, les marchés en plein air se tiennent en différents points de la ville, sur des places où les indigènes apportent leurs fruits et leurs provisions ; il y a le marché aux légumes, place Carthagène ; le marché aux ferrailles et à la brocante, avenues Bab-Menara et Bab-Djedid ; le marché aux poteries, place Bab-Souika, etc. Je ne parle que pour mémoire du marché européen, une halle en pierre, avec cour centrale.

Les seuls marchés intéressants pour l'étranger sont les marchés couverts, les souks ; ce sont des galeries voûtées où sont réunis tous les commerces et toutes les industries du pays. Les souks de Tunis sont les plus beaux de l'Afrique française et, dit-on, de l'Afrique occidentale. Quoi qu'il en soit, ils ont un cachet original.

Chaque galerie (et elles sont innombrables) est affectée à un corps de métier; ainsi les étoffes, la laine, la soie, le fer, l'orfèvrerie, la chaussure, etc., ont leurs souks particuliers. On pourrait marcher une journée entière sans en sortir; les galeries communiquent entre elles, soit de plain-pied, soit par de petits escaliers ou d'étroits couloirs : c'est un véritable labyrinthe.

Les souks forment une sorte de petit État, ayant sa vie propre, ses coutumes, dont tous les membres, par un contact journalier, se connaissent et se trouvent en rapport. Par cela même, la concurrence est plus âpre, et il faut le calme et le sang-froid du caractère arabe pour que la bonne harmonie ne soit pas continuellement troublée par des querelles et des discussions. Mettez des Européens dans les mêmes conditions, et vous verrez quelles jalousies féroces et quelles fureurs éclateront de suite.

Le plus important et le plus beau est sans contredit le souk des soieries et des étoffes, le Souk-el-Bey. On y arrive par un couloir sombre, étroit, le souk aux parfums, où sont empilés dans de petits magasins les résines, les plantes aromatiques, les pastilles, etc., en un mot, les objets de parfumerie.

Le Souk-el-Bey est vaste, large, bien pavé. Partout de riches étoffes : soies, broderies, tapis éclatants, bibelots rares, tapissent les murs. Une lumière tamisée qui tombe des voûtes par des ouvertures carrées les fait valoir encore en les enveloppant d'une demi-teinte chaude. Assis, les jambes croisées, dans son arrière-boutique, souvent aussi près de son étalage, le marchand surveille l'arrivée de la clientèle.

Les acheteurs vont, viennent, s'arrêtent, s'assoient sur la banquette extérieure et discutent les prix. Aussitôt qu'un étranger entre dans la galerie, tous les regards se braquent sur lui ; il n'a pas fait dix pas qu'il est jugé et pesé.

La plupart des marchands de ce souk sont Juifs ; on s'en aperçoit de suite à leurs sollicitations obséquieuses et tenaces : « Monsieur, par ici, j'ai de beaux tapis. — Monsieur, par là, j'ai de jolies étoffes, etc. » Quelques-uns invitent même la future dupe à prendre le café avec eux. Les courtiers juifs ou italiens et les guides d'hôtel viennent à la rescousse. Habillés à l'européenne, ils rabattent le gibier aux environs et à l'entrée des hôtels. Tant pis pour le nouveau débarqué s'il se laisse séduire par leurs belles offres. On l'emmène chez un honnête compère (ounc maison dé confianze, moussié !) d'où il sort étrillé de main de maître ; on lui vendra au poids de l'or des articles tunisiens fabriqués en Allemagne ou à Lyon.

L'industrie indigène existe cependant et fabrique même de fort jolies choses, mais qui ne sont guère vendues qu'aux Arabes ou aux Européens qu'un long séjour a familiarisés avec les produits du pays et qui s'y connaissent.

Je vais quelquefois dans le souk aux chéchias voir un ami arabe qui est fabricant; d'une grande famille andalouse, très intelligent, lettré, il est fort au courant de notre civilisation. Son magasin ne l'occupe guère que les quelques heures où il vient surveiller le travail. Sa conversation, empreinte de la tournure d'esprit arabe, m'intéresse beaucoup par des réflexions et des idées souvent bien différentes des nôtres.

J'aime ce souk pour son calme et sa tranquillité paisible; il est presque désert. Auprès des magasins, grandes ouvertures carrées fermées seulement la nuit, des presses en bois à vis gigantesques, s'appuient contre les murs. A l'intérieur, quelques vieux ouvriers

courbés sur leurs métiers cardent et brossent
silencieusement les chéchias blancs destinés
à la teinture ; au fond, dans un réduit, on
aperçoit leur patron qui fait gravement sa
comptabilité. Peu de bruit : à peine de temps
à autre le grincement d'une carde ou quelques coups sourds de marteau. Parfois passe
un marchand de *ftaïrs* (gâteaux frits dans
l'huile) criant sa marchandise ; un ouvrier
l'appelle, achète un gâteau et se remet au
travail en mangeant.

Le chéchia ou calotte rouge est la coiffure
habituelle des populations arabes. Autrefois,
Tunis en fournissait toute l'Afrique occidentale. Mais, depuis quelques années, cette
industrie est en décadence ; les fabriques allemandes et viennoises lui font une concurrence terrible et ont envahi le marché. Leurs
articles, moins beaux, moins solides, inférieurs en tous points aux chéchias indigènes,
ont l'avantage de coûter moitié moins, et c'est
la cause de leur succès.

2.

Les autres souks sont plus animés ; dans beaucoup, les objets se fabriquent sous les yeux de l'acheteur. Les cordonniers font des babouches et ces pantoufles en cuir jaune qu'à Tunis on nomme *balra;* les selliers brodent en filigranes d'or et d'argent les grandes selles arabes, les bottes de cuir rouge, les harnachements, les porte-monnaie, etc. ; les armuriers confectionnent avec de vieux canons de fusil ou de tromblon des armes de fantaisie à l'usage des touristes, et ne le cèdent en rien comme truquage à nos marchands de curiosités. Les forgerons martèlent, au milieu de la fumée, des mors, des étriers arabes et ces énormes serrures qui semblent des défis portés aux voleurs.

Les tailleurs, tous Juifs, brodent, réunis par groupes, des passementeries, ou confectionnent des vêtements de toutes formes et de toutes couleurs, depuis la riche *djebah* de soie jusqu'à l'humble *cachabia* de laine. A l'extrémité de leur souk, certains jours, on voit stationner une foule compacte ; c'est la criée des effets d'occasion, quelque chose comme le carreau du Temple.

Des vendeurs fendent la foule agitant au-dessus des têtes des vêtements, des étoffes, et crient le dernier prix offert. Voulez-vous acheter, arrêtez l'homme au passage, examinez l'objet et donnez-lui un prix un peu supérieur à sa demande. Il s'éloigne, transmet votre offre au vendeur accroupi aux alentours dans quelque coin et vous rapporte soit une réponse favorable, soit la dernière exigence.

Plus loin, il y a une criée pour les habits et les bijoux de femme, et ce n'est pas le moins curieux de voir assises le long des murs de longues files de matrones voilées, attendant qu'on vende leurs vieilles défroques.

Les libraires ont aussi leur galerie, où dans des intérieurs poudreux sont entassés pêle-mêle les ouvrages et les manuscrits arabes; mais le *roumi* ne peut pas toujours acheter ce qu'il voudrait, les livres religieux par exemple. J'ai connu un jeune Français qui se donnait le malin plaisir d'aller marchander le Koran. Il fallait voir alors l'indignation du marchand, qui arrachait vivement le Livre saint des mains sacrilèges de l'infidèle.

Je pourrais encore parler des tisserands qui fabriquent ces soies coquettes et légères, aux couleurs brillantes, dont les belles Mauresques s'enveloppent; des joailliers, tous Juifs naturellement, dont les bijoux modernes sont peu intéressants et bien loin des anciens bijoux arabes, si artistement travaillés. Je note cependant une mesure très sage : au milieu du souk on trouve un bureau d'expertise gratuit, établi par l'État tunisien, où tout acheteur peut faire estimer et vérifier ce qu'il veut acquérir.

Il y a aussi les souks des grainetiers, des bouchers, etc. ; mais je ne crois pas bien utile de décrire les étals malpropres où pendent des viandes noirâtres et couvertes de mouches.

Aux confins et en dehors de cette agglomération de métiers habitent les menuisiers et les peintres. Ceux-ci, très peu nombreux, ne décorent guère que les meubles ou les plafonds des maisons. Leur manière consiste en oiseaux, fleurs de convention, arabesques aux couleurs vives, entremêlées de dorure ; le faire est sec et se rapproche du japonais, mais en moins bien.

Quant aux menuisiers, la plupart sont au Souk-el-Belat, rue découverte, en pente et bien éclairée. Chez eux s'entassent les tables de marqueterie, les meubles de sapin colorié, les étagères, les divans, dont les délicats fuseaux ressemblent beaucoup à ceux des meubles bretons. Au milieu d'une nuée d'apprentis, le patron scie, rabote, donne ses ordres, les accentuant à l'occasion de horions dont il n'est pas chiche. Détail amusant : les jeunes Arabes se servent de leurs pieds comme d'une main pour maintenir le bois lorsqu'ils le scient ou le tournent.

Au milieu de la ville, il y a encore deux marchés importants, celui du charbon et celui de l'huile.

Le premier est un vaste terrain enclos de murs et de palissades ; une grosse porte en pierre livre passage aux chameaux chargés de sacs de charbon maintenus d'une façon primitive par des branches d'arbre. Ce charbon provient des forêts de chênes-lièges de la Kroumirie. Les chameliers, en gandouras sombres, ont généralement le visage et les mains barbouillés de noir, tout comme nos Auvergnats, et ce sont des nègres du plus beau brun qui déchargent et cassent le charbon avant de le livrer à la consommation.

S'ils ne sont pas blancs, ils sont cependant très propres, comparativement aux hommes du souk à l'huile.

Les vêtements imbibés d'huile au contact

des outres ont un aspect graisseux répu-
gnant, et les chéchias changent leur couleur
rouge pour celle du vieux cuir.

Les chameaux eux-mêmes ont une physionomie à part : noirs, sales, le poil gras et
luisant, ils sont bien en harmonie avec leur
charge d'outres grisâtres, liées par des lanières
de cuir et dégouttant d'huile d'olive. Un hall
couvert abrite vendeurs et acheteurs ; aussitôt
le marché conclu, les outres sont vidées et
l'huile mesurée sous les yeux des agents du
fermier des huiles, qui en prélève la dîme.
Un indigène compte à haute voix les mesures
et les verse dans un vase placé au centre
d'un bassin de marbre. Une bande de gamins
malpropres l'entourent et se livrent bataille
pour ramasser avec des éponges ce qui tombe
du liquide aux alentours ; il n'y a rien de perdu.

L'air est imprégné d'une odeur fade, écœu-
rante, caractéristique de l'olive, et il faut se
garer avec soin du voisin pour éviter les
taches et les éclaboussures.

CHAPITRE IV

LES MOSQUÉES. — LES MONUMENTS.

En Tunisie, à part Kairouan, les chrétiens ne peuvent pénétrer dans aucune mosquée; on n'en peut donc voir que l'extérieur. Tout au plus, le hasard d'une porte entr'ouverte permet-il quelquefois d'apercevoir la colonnade intérieure et la cour où prie quelque musulman.

La mosquée la plus importante de Tunis est la mosquée de l'Olive, Djamâ Zitoûna, à l'entrée des souks. Son escalier monumental, sa large façade en marbre rouge supportée par une magnifique colonnade, sont d'un effet très imposant. Elle est supérieure à toutes les autres, excepté toutefois Sidi-Maharès, dont la couba principale est entourée d'un cercle de coupoles plus petites comme d'une famille de sphères.

Certaines mosquées n'ont de remarquable que de très élégants minarets carrés, finement revêtus d'arabesques et de faïences, comme Sidi-Yussef et Sidi-ben-Arous. D'autres minarets circulaires ou à facettes polygonales sont surmontés d'une plate-forme et d'une toiture conique, tels que Djamâ-ed-Djedida, nouvellement construite dans la rue Sabarine.

Outre les mosquées, les zaouïas et les marabouts pullulent dans la ville. Plusieurs fois par jour, le matin, à midi, le soir, à l'heure de la prière, les mosquées se remplissent de croyants ; mais c'est surtout le vendredi (le dimanche arabe) qu'elles sont intéressantes par la foule variée qui y entre et en sort

Une des sensations les plus étranges que l'on éprouve dans le quartier arabe, c'est le chant du muezzin, ou plutôt la prière qu'il crie du haut du minaret. Le soir surtout, alors que les bruits s'éteignent dans le calme du crépuscule, ces voix aériennes qui se croisent au-dessus de la cité ont une harmonie mystérieuse et un charme profond.

La prière commence sur un ton élevé et puissant : *Allah ! Allah ! ak bar*, ou *Mohammed Rassoul Allah* (Dieu est le plus grand et Mohammed son envoyé) ; puis la voix descend peu à peu par demi-tons, remonte, redescend et s'évanouit en une sorte de broderie mélancolique. La nuit et au point du jour, l'impression est encore plus vive, grâce au silence absolu des rues.

Ce qui plaît moins, par exemple, ce sont les chants des mosquées. De ma cour, tous les vendredis, j'entendais vers midi les chœurs de la mosquée voisine, et ce n'était rien moins qu'harmonieux. En comparant ces chants à certains de leurs airs religieux et aux chansons arabes, je me suis toujours demandé pour quel motif ils écorchaient aussi impitoyablement les oreilles des voisins.

A Tunis, comme en tous pays musulmans, on cherche en vain des monuments élevés à des hommes illustres ou au souvenir de quelque grand événement. Cela déroute quelque peu nos idées, habitués que nous sommes à des avalanches de statues, d'arcs de triomphe, de plaques commémoratives, etc.

Ici, rien de tout cela ; chez un peuple simple, dominé par l'idée religieuse, on n'éprouve pas le besoin de perpétuer par le marbre ou le bronze l'image des pseudo-grands hommes qu'une génération acclame et que la suivante conspue. L'homme disparaît, et, quels qu'aient été ses services et sa réputation, à peine sur la pierre qui le recouvre une inscription modeste le distingue-t-elle du pauvre diable qui dort à côté.

Une seule exception est faite pour les beys, qui ont au centre de la ville un monument funéraire, le Tombeau des beys : c'est une grande enceinte en marbre roux gravé de fines arabesques, et surmontée de coupoles à tuiles vertes. Les Arabes y pénètrent difficilement, les Européens jamais. Je ne puis donc rapporter que ce que j'en ai ouï dire.

L'intérieur, revêtu de marbre blanc, est, paraît-il, divisé en petites salles; dans chacune repose un bey dans un tombeau également de marbre blanc. Une inscription indique son nom, la date de son règne, et, tout autour, des fontaines sculptées entretiennent la fraîcheur par leurs eaux jaillissantes.

Tout cela est d'une grande simplicité, comme la vie arabe. Il en est de même du palais du bey, le Dar-el-Bey, grande construction sans style qui, du dehors, ressemble à une caserne ou à un ministère. C'est du reste là que sont installés divers services administratifs de la Régence; le rez-de-chaussée loge une fraction de la petite armée beylicale. Les appartements du bey, assez somptueux, tiennent l'autre partie et peuvent être visités en son absence, c'est-à-dire presque toute la semaine.

TUNIS — TOMBEAUX DES BEYS

Celui-ci habite ordinairement son palais de la Marsa, au bord de la mer, et ne vient à Tunis que le samedi et les jours de grande fête. C'est une tradition, paraît-il, qu'un bey ne doit jamais habiter le même palais que son prédécesseur. Ainsi, l'ancien bey Mohammed-es-Sadok résidait au Bardo ; le bey actuel est à la Marsa, et probablement son successeur choisira le Dar-el-Bey, à Tunis.

Un peu plus haut et presque en face se dresse la Kasbah, énorme construction entourée de murs crénelés, de tours, et qui servait de citadelle à l'époque arabe. Elle domine toute la ville, qu'elle devait défendre et aussi maîtriser en cas de révolte. Si celle-ci était prise, elle servait de refuge aux beys et à leurs trésors.

Maintenant, elle est occupée par le 4ᵉ régiment de zouaves ; les casernes, construites à l'arabe, sont spacieuses, bien aérées, avec de grandes cours entourées d'arcades mauresques.

CHAPITRE V

LE QUARTIER JUIF.

Le quartier juif est bien différend du quartier arabe ; autant l'un est calme et riant, autant l'autre est sordide et misérable.

Les maisons sont petites, sombres et sales, la population grouillante. Le pavé humide et gluant rappelle certaines rues du vieux Paris ; des loques, du linge douteux, des bouts d'étoffe pendent aux murs dans une atmosphère puante.

C'est un dédale de ruelles étroites s'enchevêtrant les unes dans les autres, se transformant parfois en voûtes obscures ou aboutissant à des impasses que jamais ne visite le soleil.

De grosses portes basses, armées de forts

verrous, rappellent le temps peu éloigné où le Juif, relégué dans son *ghetto,* vivait effaré et craintif, toujours sous la menace du pillage.

Maintenant les rôles sont changés : d'exploité il est devenu exploiteur. Mais il faudra du temps avant qu'il ait quitté ses anciennes allures et ses habitudes séculaires.

Les plus riches s'habillent à l'européenne et se bâtissent des maisons modernes; mais la majorité continue à vivre dans son quartier de la vie ancienne. Très industrieux du reste, admirablement organisés pour le commerce, ils se sont emparés presque complètement du trafic de la Tunisie depuis que notre occupation les a émancipés. Ils sont même en train de mettre la main sur la propriété foncière par leurs sociétés et leurs compagnies.

Les Juifs tunisiens sont très abordables pour l'étranger et laissent aisément visiter leurs maisons. Cette facilité a même donné naissance à une petite industrie assez drôle.

Les guides d'hôtel, presque tous Juifs, s'entendent avec des coreligionnaires et conduisent, moyennant finance, les touristes naïfs dans une maison où ils assistent à un mariage israélite. Il va de soi que, s'il n'y a pas de mariage, on en improvise un pour la circonstance, et le tour est joué.

Le mouvement de la rue est très actif, et on y trouve à chaque pas des sujets d'observation et des scènes de mœurs.

Entre autres choses, je me souviens d'un enterrement juif qui me frappa beaucoup, lors de mon arrivée à Tunis, par son côté dramatique.

C'était dans un carrefour aux maisons délabrées; entendant des cris horribles, je m'étais arrêté instinctivement, me demandant ce que c'était. La porte d'une maison s'ouvrit, et quatre Juifs de figures minables en sortirent; ils portaient péniblement un pauvre cercueil, sorte de mauvaise malle à couvercle arrondi. Trois ou quatre vieilles femmes suivaient, les vêtements ouverts, s'arrachant les cheveux et se labourant le visage de leurs ongles avec des hurlements de désespoir. Quelques rares passants s'arrêtaient saisis comme moi par cette misère. Les hommes chargèrent sur leurs épaules la malle dont le couvercle mal fermé battait à chaque secousse, tandis qu'un vieillard faisait rentrer les femmes dans la maison; puis le triste cortège s'éloigna rapidement. Le cœur serré, je le suivais des yeux. Deux Arabes d'apparence riche arrivaient en sens inverse, et j'ai encore l'impression du regard qu'ils jetèrent, en les croisant, à ces pauvres diables et le ton de mépris avec lequel l'un d'eux prononça le mot : « Youddi » . L'accent seul en disait long sur la haine des deux peuples.

Le samedi, jour du Sabbat, tout se métamorphose : le commerce est suspendu, les magasins fermés. Peu de monde dehors; de loin en loin, une boutique sert aux hommes de lieu de réunion. Accroupis, ils chantent des psaumes à tue-tête et balancent le corps en cadence ; c'est assourdissant.

Devant les maisons les femmes et les fillettes se tiennent aux portes, en costumes criards, le mouchoir de soie noué sur la nuque. Chez les gens aisés, les jeunes filles endimanchées se mettent en grappes aux fenêtres, et leurs casaques vertes, rouges, jaunes ou bleues, surprennent l'étranger, qui se demande d'abord s'il n'est pas dans quelque quartier suspect. Les jeunes hommes, vêtus de beaux costumes bleus à broderies d'or et d'argent, passent et repassent sous les fenêtres, admirent et se font admirer.

Quelques écrivains ont fait, on ne sait pourquoi, aux Juives tunisiennes une réputation qu'elles ne méritent guère. Le masque, blafard, est régulier, mais sans aucune expression ; le corps énorme, bourrelé de graisse, roule en oscillant sur de petites jambes rendues plus grotesques encore par un pantalon collant, semblable à un caleçon de toile.

Du reste, la beauté chez les Juifs, comme chez d'autres Orientaux, ne va pas sans un embonpoint et un poids respectable. Cette obésité, qui en marchant leur impose un mouvement de roulis des plus réjouissants, est dû à l'alimentation spéciale à laquelle on soumet les filles dès leur puberté. Jusque-là, c'est-à-dire jusqu'à douze ans environ, elles sont sveltes, élancées, souvent très jolies, mais d'une beauté morbide; les chairs, d'une pâleur de cire, sont molles, sans vigueur et bien loin de la peau mate, mais colorée par un sang vigoureux, des fillettes arabes.

Les hommes sont mieux, bien qu'on trouve aussi chez eux cette pâleur maladive due probablement aux alliances de race et à la mauvaise hygiène de leurs maisons.

Le costume est bleu, la plupart du temps, la veste brodée, la culotte courte, terminée par des bas blancs, et le grand burnous également bleu; les vieux portent encore le turban noir, qui leur était imposé par la domination arabe.

C'est surtout parmi ces derniers que l'on trouve le type juif classique, le nez recourbé entre deux petits yeux vifs et la longue barbe blanche.

Les jeunes portent le chéchia rouge, mais moins haut que celui des Arabes ; quelques-uns risquent même un turban de couleur ; c'est plus rare. Peu à peu, ils adoptent les habits européens, qui les distinguent moins que le costume indigène.

Les Juives aisées suivent les modes de Paris et n'y gagnent point ; car les vêtements serrés ne font que mieux ressortir les tailles informes que ne dissimulent plus d'amples draperies, et accentuent leur démarche lourde ; elles ont un faux air de canards habillés. La couleur et le pittoresque y perdent également ; c'est, du reste, le défaut de notre civilisation d'enlever tout caractère et tout cachet personnel aux habits et souvent même aux individus.

CHAPITRE VI

HISTORIQUE. — RACES, TYPES. — INTÉRIEURS.

Les invasions, les conquêtes qui se sont succédé pendant des siècles ont amené et mélangé en Tunisie des hommes de tous les peuples ; pour se rendre compte de la diversité des races, il suffit de jeter un coup d'œil sur l'histoire de ce pays.

Fondée par les Phéniciens à l'époque de Carthage, dont elle était voisine et tributaire, Tunis passe ensuite sous le joug des Romains. Conquise par les Arabes en 689 et gouvernée par des émirs qui dépendaient des khalifes de Kairouan, elle est occupée en 1555 par les Turcs. Prise et reprise plusieurs fois par Charles-Quint et Philippe II, elle est définitivement érigée en beylicat, en 1574, sous la suzeraineté du sultan de Constantinople.

Son histoire n'est qu'une succession de révolutions de palais fomentées par les janissaires et de guerre avec les Algériens. Jusqu'en 1814, elle reste province turque, sous le gouvernement d'un bey et d'un divan. A cette époque, poussée à bout par les exactions des janissaires, la population se soulève et massacre la garnison turque, dont les derniers descendants portent aujourd'hui le nom de Kourouglis. Enfin, à la suite d'événements récents et connus, la France y a établi son protectorat.

La population la plus nombreuse est celle des Berbères, originaires du sol ; puis viennent les Arabes, descendant des conquérants de l'Arabie et qui forment la plupart des grandes familles aristocratiques. On y trouve aussi des Andalous, des Maures réfugiés d'Espagne, et enfin des nègres de toutes provenances, Abyssins, Soudanais, etc., d'anciens esclaves, des Algériens, des Levantins. Les

Kroumirs, qui habitent le littoral et les montagnes du Nord, se rapprochent beaucoup des Kabyles avec leur teint clair, leurs yeux bleus et leurs longues moustaches blondes.

Outre ces divisions, il y a dans l'intérieur une variété infinie de nuances et de types. Chaque grande tribu, correspondant à une section territoriale, a sa physionomie particulière. C'est ainsi que le Tunisien proprement dit diffère beaucoup de l'habitant de Sousse, du Soussi, qui lui-même ne ressemble ni au Slass de Kairouan, ni au Sfaxi, ni à l'Arabe du Sud. Non seulement il y a des différences de type, mais les mœurs, le costume, le dialecte varient également de province à province.

L'habitant de Tunis est intelligent, poli et doux ; généralement gros, trapu, il a le visage mat, les mains blanches, et est très soigneux de sa personne ; c'est un commerçant, un bon bourgeois.

L'Andalou, plus fin, plus délicat, se reconnaît facilement à ses grands yeux noirs aux cils veloutés ; c'est le lettré, le poète.

L'Arabe de race pure porte dans sa démarche plus de fierté, plus d'orgueil. On rencontre aussi quelquefois des figures énergiques à grosses moustaches militaires ; ce sont les Kourouglis, métis de Turcs et de femmes arabes. Quant aux nègres, les uns, comme ceux du Bournou, ont le visage écrasé, à pommettes saillantes, le nez épaté; d'autres, comme les Abyssins, la face régulière des Égyptiens, le nez droit et presque grec.

Le costume à Tunis est à peu près le même pour tous, sauf toutefois la richesse et la couleur des étoffes, variant selon les classes : une culotte large (*serouel*), en toile ou en drap selon la saison, serrée au-dessus du mollet, un gilet (*cedria*) de laine ou de soie sur la chemise aux longues manches, une veste brodée que recouvre la *djébah*, longue robe à demi ouverte sur le devant, et le burnous jeté négligemment sur l'épaule ou sur la tête.

Le chéchia rouge sert de coiffure aux enfants et aux gens du commun; mais la plupart des hommes portent le turban roulé ou tordu. Comme chaussure, le peuple se sert de *balra*, pantoufles jaunes qui deviennent brunes par l'usage; les gens aisés portent des bas d'une blancheur immaculée et de petits souliers vernis dont le talon écourté vient sous la plante des pieds.

Les femmes arabes, grandes, minces, bien découplées, ont une allure d'une grâce singulière. Le visage est régulier, le teint mat, coloré cependant et éclairé par des yeux noirs magnifiques.

Le costume se compose d'une large culotte assez semblable à celle des hommes, d'un corsage brodé remplaçant le corset et d'une casaque en soie; des manches de gaze recouvrent et font valoir des bras magnifiques couverts de bracelets. Le cou est orné de colliers d'or ou d'argent, et la coiffure (*couffia*) est une sorte de petit bonnet conique, assez semblable au hénin du moyen âge et enveloppé de voiles de soie.

Lorsqu'elles sortent dans la rue, les femmes se couvrent complètement d'une ample draperie blanche nommée *haïck;* le visage, dont on ne voit que les yeux, est masqué par un bandeau de tulle noir. Les femmes de condition ont un voile particulier, très long, broché de dessins en soie rouge et noire, qu'elles portent devant elles en marchant.

Les couleurs claires des vêtements augmentent la gaieté des rues, blanches et déjà si ensoleillées. Le caractère de la population s'en ressent; on n'y voit guère de visages moroses, de gens hargneux; souvent, au contraire, le passant qui vous frôle chantonne quelque chanson arabe.

L'intérieur des maisons est plus intéressant que l'extérieur; si la façade est sobre, même nue, le dedans est aménagé avec goût et, chez les gens riches, avec un luxe que nous ignorons.

Les terrasses communiquent toutes entre elles; la nécessité de se garer des voleurs qui pourraient s'en servir, a fait couvrir la plupart des cours intérieures avec un grillage de fer. Ces cours, nommées *ouest-ed-dar*, sont habituellement garnies, sur un seul côté, d'arcades très coquettes en marbre. Jusqu'à deux mètres environ, les murs ont un revêtement de faïence aux couleurs vives; au-dessus s'incrustent dans la maçonnerie des arabesques, des dessins en stuc d'un effet gracieux. Sous les larges dalles qui servent de pavés, la citerne de marbre reçoit l'eau des terrasses amenée par des tuyaux de poterie verte. Au centre, une fontaine, finement sculptée, laisse couler l'eau dans une élégante vasque et entretient la fraîcheur. Dans un angle abrité par une voûte légère, un puits circulaire permet de puiser l'eau de la citerne avec un tonnelet ou une peau de bouc. Les femmes passent dans la cour la plus grande partie de la journée, s'occupant aux choses du ménage, à l'ombre et abritées contre la chaleur du soleil.

Les appartements sont spacieux, très hauts (4 ou 5 mètres); leurs plafonds, composés de poutres apparentes, peintes en vert ou en brun, sont entrecoupés de pleins cintres de stuc couverts d'arabesques; des incrustations, des faïences, de beaux tapis et des tentures de soie complètent cette décoration fort artistique.

Les fenêtres, petites et étroites pour ne pas laisser entrer la chaleur, sont garnies de grillages; un divan avec des coussins moelleux fait le tour de la pièce où l'on reçoit. Dans les chambres à coucher, tantôt on voit des lits à baldaquin, à colonnes dorées, tantôt ce sont des alcôves surélevées au-dessus du sol qui en tiennent lieu.

Cette décoration de soies, de faïence et de stucs mélangés est délicieuse; malheureusement, à l'heure actuelle, la fabrication des faïences indigènes est tombée et remplacée

par les affreux carreaux, ridiculement géométriques et sans couleur, des fabriques françaises et italiennes. Les ouvriers arabes qui
découpaient si finement le stuc ont disparu
peu à peu, et peut-être n'en trouverait-on plus
à Tunis capables d'exécuter les travaux de
leurs devanciers. On le regrette vivement,
lorsqu'on examine les décorations qu'ils ont
laissées et que le temps anéantit peu à peu.

CHAPITRE VII

MŒURS; FAMILLE, ÉDUCATION, LOIS; MARIAGE.

En France, la plupart des gens considèrent les Arabes comme de véritables sauvages, parce qu'ils les ignorent complètement. Cette opinion erronée due, partie aux préjugés d'éducation, partie aux habitudes peu voyageuses du Français (ce qui l'empêche de voir et de comparer les différences des peuples et des civilisations), se fait jour souvent jusque dans les actes gouvernementaux. Et cependant, grâce à la vapeur, il est facile maintenant de visiter nos colonies. Mais ils sont peu nombreux ceux qui traversent la mer, et parmi eux combien savent voyager et observer?

Passant rapidement d'un point à un autre, s'arrêtant un jour ici, deux jours-là, ils n'ont rien vu ou presque rien lorsqu'ils rentrent en France ; toutefois, ils rapportent une cargaison d'opinions et d'absurdités puisées dans les guides ou dans la conversation des maîtres d'hôtel et des colons. Les racontars des colons algériens, intéressés à décrier les malheureux qu'ils ont dépouillés et exploités, les histoires fantastiques que colportent les troupiers ignares continuent à entretenir des légendes ridicules sur une race intelligente et fine. Pour bien des Français, l'Arabe est un être inférieur, inculte, dont la vie se passe à conduire des chameaux ou à croquer des poux sous une tente ; certains même ne seraient pas éloignés de croire qu'il se nourrit de chair humaine. Et cependant cette civilisation arabe, si vigoureuse, si brillante, alors que nous étions dans la barbarie du moyen âge, pourrait encore aujourd'hui nous donner plus d'une leçon utile.

Les lois, les mœurs, la vie d'un peuple sont la résultante du climat et du pays qu'il habite; c'est pourquoi la civilisation arabe, admirablement appropriée aux races et au sol d'Afrique, n'est pas comprise par les peuples du Nord, comme nous, dont les besoins et les habitudes sont tout différents.

La loi arabe est en même temps civile et religieuse, c'est-à-dire qu'elle est tout entière contenue dans le livre saint de l'Islam, le Koran. Écrit par Mohammed dans une langue d'une pureté telle que les Arabes veulent y voir la main de Dieu, ce livre est empreint d'une admirable sagesse et d'une compréhension merveilleuse de l'esprit oriental.

Tout est prévu dans ce livre génial, jusqu'aux moindres détails de la vie de famille. Les commentateurs, qui sont innombrables, n'ont fait que délayer ses préceptes en les compliquant de subtilités analogues à celles des scolastiques du moyen âge.

La vie est simple et frugale, l'Arabe ayant

peu de besoins. Il est sobre : de l'eau, des fruits, des légumes, un peu de mouton, du couscous, voilà sa nourriture. Avec dix sous par jour, un homme du peuple se nourrit suffisamment. Aussi lui faut-il peu de travail pour subvenir à son entretien. Partant, il se porte bien ; il a la tête plus saine, l'esprit plus net que l'homme du Nord, gorgé de viandes et de boissons alcooliques. Chez le riche citadin, il est vrai, l'existence est moins sommaire ; plus d'un accroc s'y donne à la sobriété prescrite par le Koran, mais beaucoup moins qu'on ne le croit.

La famille est organisée comme elle l'était chez les peuples de l'antiquité. L'homme en est le chef absolu ; son autorité est indiscutée, mais non sans bornes, et la femme n'est pas son esclave, comme on se plaît à le dire. Considérée comme inférieure, elle a néanmoins ses droits, peut s'adresser au tribunal du cadi, si elle est maltraitée ou délaissée, et obtenir le divorce. Il y a loin de cette condition à cette prétendue captivité dont s'indignent les bonnes âmes. La polygamie, qui est admise dans tout l'Orient, comme elle l'était chez tous les autres peuples avant le christianisme, loin de détruire la famille, l'affermit et la maintient. Le musulman se marie jeune; si sa première femme ne le satisfait pas, si elle est stérile, il peut en prendre une seconde, puis une troisième, et une quatrième. Il a donc des chances de trouver un bon ménage, et en tout cas, il n'a pas besoin d'aller chercher ailleurs ce qu'il trouve chez lui; c'est pourquoi il y a très peu de courtisanes chez les Arabes. Les climats chauds, la vie plus facile, moins rude que dans les pays froids, expliquent du reste et justifient la polygamie.

Les femmes de condition aisée sortent accompagnées de duègnes, soit à pied, soit en voiture; celles du peuple ont plus de liberté et vont seules où elles veulent; mais toutes sont voilées, la coutume n'admettant pas qu'elles laissent voir leur visage découvert aux étrangers. Il n'y a guère d'exception que pour les vieilles, qu'on rencontre quelquefois sans voile et qui ne sont rien moins que tentantes.

Le royaume de la femme arabe, c'est sa maison; elle y règne en souveraine. Elle s'occupe surtout des travaux du ménage et de l'éducation des enfants, qu'elle conserve jusqu'à l'âge de huit ou dix ans, époque à laquelle les garçons passent sous l'autorité paternelle. Dès lors, ils se mêlent aux hommes, qu'ils entendent converser de choses graves, s'habituent à écouter et à réfléchir à l'âge où, chez nous, ils joueraient au cerceau et à la toupie; c'est l'éducation virile. Lorsqu'ils font une question, on leur répond toujours, et c'est une chose amusante de voir ces petits bonshommes tenir conversation sans sourciller avec quelque grand gaillard à mine sérieuse ou à barbe blanche. D'esprit vif et prime-sautier, ils comprennent et saisissent rapidement ce qu'on leur explique ; en grandissant ils perdent souvent cette finesse remarquable et deviennent lourds. Bientôt on envoie l'enfant à l'école arabe, où il apprend à lire dans les versets du Koran. Si vous passez auprès d'une de ces écoles, vous êtes surpris d'entendre un bruyant concert de voix enfantines parcourant tous les tons de diverses gammes ; assis sur une natte, tenant en main le carton où est écrit le verset sacré, chaque élève lit à haute voix sur un rythme monotone et nasillard, sans se soucier du voisin qui en fait autant.

Vers douze ans, et selon leur position, ils quittent l'école, les uns pour apprendre un métier, les autres pour faire des études plus complètes.

A Tunis, tout le monde travaille ; le Koran défendant le trafic et l'intérêt de l'argent, celui qui en possède doit le faire valoir luimême par son travail ou son commerce, sous peine de n'en tirer aucun profit. Aussi il n'y aura jamais de question sociale chez les musulmans, le capital n'étant pas distinct du travail.

C'est peut-être la solution du problème social en Europe; mais il faudrait alors vivre simplement comme les Arabes et ne pas tenter les entreprises qui demandent des capitaux élevés.

Les jeunes Arabes des familles riches continuent leurs études au collège Sadikia, fondé par Kerredin, un des frères du bey. Ils y apprennent les langues européennes et se frottent quelque peu à nos sciences; car, par une anomalie au moins étrange, si on leur apprend peu de choses utiles, en revanche on les bourre de notions inutiles. Ainsi on leur enseigne l'histoire de France! Que peuvent bien leur faire les faits et gestes de Louis le Gros ou de François Ier? Puisqu'on prétend vouloir les initier à notre civilisation, le seul enseignement logique serait un enseignement scientifique; mais on s'en garde bien. Au fond, sous

4.

l'hypocrisie des belles phrases humanitaires, il y a toujours le but inavoué et réel de maintenir l'Arabe dans l'infériorité, afin de l'exploiter plus sûrement.

Sortis du collège, ils suivent les cours des mosquées et des zaouïas jusqu'à trente ans et souvent plus; les études roulent principalement sur les mathématiques supérieures, la grammaire arabe, le droit musulman et la logique, qui est chez eux d'une complication et d'un byzantinisme à faire quinauds tous les docteurs de Rabelais. En somme, ce sont des universités dans le genre de celles du moyen âge, de la Sorbonne par exemple.

Ce genre d'éducation forme des esprits subtils, aimant la discussion, mais en même temps souples et enclins à la subordination. L'Arabe est sérieux, respectueux, et n'a pas le caractère malicieux, frondeur et souvent jaloux de notre race. Ainsi, les ouvriers arabes ont de la déférence pour leur patron, ouvrier lui-même, et reconnaissent son auto-

rité sans rechigner, à la différence des nôtres,
qui ne savent que dire de leur *singe*. Cet état
d'esprit se voit encore mieux chez les tirailleurs indigènes; ils se plient facilement à la
discipline militaire et parviennent en peu de
temps à manœuvrer avec une précision et un
ensemble remarquables.

L'islamisme, qui est très puissant sur l'esprit des Africains, contribue par ses préceptes
à entretenir ces mœurs. Cette religion, d'un
sérieux et d'une grandeur qui ne peuvent
guère plaire qu'à des hommes, est un mono-
théisme large, très simple, débarrassé des
mystères, symboles et autres superstitions
dont l'ont affublé les autres religions. Non
pas cependant qu'il n'y ait des marabouts
faiseurs de miracles, des sectes d'illuminés,
des dissidents, etc.; mais tout cela est en
dehors des dogmes et de la doctrine, et
nul n'est tenu d'y croire. Les musulmans
observent scrupuleusement leur religion, ce
qui les fait traiter de fanatiques par les chré-

tiens, qui, eux, n'observent pas la leur. Cette alliance intime des lois civiles et religieuses donne aux peuples de croyants une cohésion et une force énormes dont devraient tenir compte les gouvernants avisés.

Toutes les fêtes sont donc religieuses : le Beïram, le Rhamadan, carème arabe, le Moulad, naissance de Mohammed, etc. A Tunis, la plupart des cérémonies se font à l'intérieur des mosquées; on n'en peut rien voir. Seules les fêtes du Rhamadan sont intéressantes par le mouvement des rues et l'illumination des souks; autrefois, Karagouss, émule du Polichinelle italien, exhibait dans les carrefours sa silhouette obscène; maintenant il n'existe plus guère, et l'administration française l'a pudiquement relégué dans quelques baraques écartées. Outre les fêtes officielles, il y avait aussi des fêtes particulières, des processions, et j'en ai vu de fort jolies; quelquefois des marabouts parcouraient les rues, escortés d'une foule nombreuse, au

bruits des tambourins et des hymnes religieux; mais il paraît que ces réjouissances
déplaisaient à l'administration, qui les a interdites.

CHAPITRE VIII

MŒURS (*suite*). — JUSTICE BEYLICALE, POUVOIR CIVIL. — LES CIMETIÈRES. — UN ENTERREMENT ARABE.

De même que la vie individuelle, l'organisation civile a gardé son cachet moyen âge. Les métiers sont organisés en corporations, sous la direction de chefs nommés *amins;* ces associations font leur police elles-mêmes. Le pouvoir de l'amin n'est pas nominal, mais fort sérieux; il punit ou expulse les membres dont les méfaits pourraient porter préjudice à la bonne renommée de la corporation. Celle-ci, dans ce cas, se déclare responsable du dommage causé et le répare à ses frais.

La justice arabe n'a pas les lenteurs de la nôtre; il n'y a ni avocats, ni avoués, ni cette

paperasserie inutile et coûteuse qu'on appe-
lait autrefois les sacs à procès. Les plaideurs
viennent débattre eux-mêmes leur cause, et,
après une enquête conduite rapidement, le
juge rend son arrêt. Le premier degré est le
tribunal du *cadi;* il juge les différends des
particuliers, les affaires civiles, un peu comme
nos juges de paix, mais avec un pouvoir plus
étendu. Comme les musulmans se divisent en
deux rites, anéfi et maléki, il y a un cadi
pour chacun de ces rites, dont les différences
dans l'interprétation des textes donnent souvent des jugements contradictoires sur un
même litige. Au-dessus, le tribunal supérieur,
l'*ouzara,* juge en dernier ressort.

Au criminel, le *fér ik* ou lieutenant du bey,
juge les petites causes, les délits, injures,
vols, etc. Les affaires importantes, les crimes,
sont portés directement devant le bey, qui
rend la justice publiquement dans son palais ;
il interroge l'accusé, écoute les accusateurs,
les parents qui demandent vengeance et les

témoins. Si le crime est prouvé, avant de rendre le jugement, le bey demande aux parents de la victime s'ils veulent accepter le rachat du sang, une somme d'argent en échange de la vie du coupable. (Cette coutume était exactement la même en France à l'époque mérovingienne.) S'ils refusent, le bey rend son arrêt, et le condamné est immédiatement pendu ou décapité, selon son rang.

Si la condamnation n'entraîne que les travaux forcés, on l'envoie à la Goulette, au bagne, où il est attaché à un compagnon de chaîne. Tous les matins, on peut voir les forçats parcourir, deux à deux, les rues de la Goulette qu'ils balayent et nettoient en portant leur boulet. Les condamnés à la prison sont écroués à Tunis : un cachot noir, une forte chaîne, de la paille, une cruche d'eau et du pain noir, voilà la prison arabe, qui est loin de ressembler aux petits logements agréables que la philanthropie française réserve aux criminels ; aussi n'y a-t-il pas foule.

Parallèlement à la justice beylicale, il y a des tribunaux français à Tunis et à Sousse, auxquels peuvent s'adresser les Européens et même les indigènes ; mais il faut avouer que ceux-ci préfèrent leur justice à la nôtre.

Quant au gouvernement beylical, il se compose du bey et des vizirs ou ministres, dont le Résident français fait partie comme ministre des affaires étrangères ; une commission financière composée d'Européens y est adjointe, sous la présidence du Résident, pour la gestion des finances.

Les cimetières de Tunis sont tous en dehors de la ville ; les uns sont abandonnés, les autres encore occupés. Le plus important est celui de Sidi-Ben-Hassein, sur la route d'Hammam-Life. Très vaste, il est encaissé entre deux collines couronnées, l'une d'un fort, l'autre du marabout qui lui donne son nom ; on domine de là Tunis et ses environs. Je suis allé souvent dans ce cimetière, dont j'aime le recueillement silencieux et où j'ai noté plus d'une observation intéressante. Tantôt ce sont des femmes accroupies autour de la tombe d'un parent et qui de loin semblent des statues drapées de voiles blancs; tantôt c'est un lecteur (payé par une famille) qui récite, à l'intention du défunt, de longues prières sur un ton monotone.

Mais, ce qui m'a le plus frappé, c'est un enterrement arabe, auquel je fus invité par l'intermédiaire d'un ami et dont j'ai pu voir tous les détails.

Lorsqu'un Arabe est mort, on porte le corps à la mosquée, où on le lave et où on le parfume. Puis on l'enveloppe dans une couverture de laine et on le ramène à la maison mortuaire. Les parents et quelques amis de choix sont, alors seulement, admis à le voir à visage découvert.

Les lettres de faire part n'existent pas; pour en tenir lieu, le corbillard est, dès la veille, placé devant la porte du défunt. A l'heure fixée d'avance, la famille, les amis et les invités se réunissent dans la maison disposée pour la circonstance. Un des proches (cette fois c'était le petit-fils) reçoit les étrangers à la porte et les introduit dans la maison.

La cour est couverte de nattes sur lesquelles s'accroupissent les arrivants ; pas de cris, pas de pleurs ; aucune conversation ne trouble cette douleur calme et silencieuse. Dans une pièce voisine se trouve le corps, enveloppé de couvertures et d'étoffes si c'est un homme, dans un cercueil si c'est une femme. Les musulmans maintiennent jusque dans la mort l'inégalité qu'ils ont établie pendant la vie entre les deux sexes : ainsi, le corps d'un homme est placé au milieu d'un cercle de lecteurs qui psalmodient les versets du Koran, tandis que celui d'une femme est déposé en dehors de ce cercle. Les versets, récités sur un rythme lent et monotone par des chanteurs appartenant à diverses congrégations religieuses, produisent une impression de tristesse pénétrante.

Au bout d'un quart d'heure, les chants cessent; tout le monde se lève, et le corbillard est apporté. Oh ! bien simple ce corbillard. Il ferait sourire de pitié les sots qui mettent leur vanité dans ce qu'on appelle un bel enterrement : un brancard en bois, peint en jaune, porté par quatre hommes, et voilà tout. Il est le même pour tous, pour le riche comme pour le pauvre. On y place le corps, et le cortège se met en marche, précédé par des chanteurs payés, quelque chose comme les pleureurs de l'antiquité.

La foule suit, muette et sérieuse : ici on ne va pas à l'enterrement pour causer d'affaires ou se raconter à l'oreille de bonnes histoires. Je marche au milieu d'une véritable houle de turbans, de burnous et de robes claires, au-dessus desquelles ondule le corps recouvert de soie rouge brodée d'argent. L'aspect est plutôt gai, à cause du blanc qui domine (le blanc, à Tunis, est l'emblème du deuil) et des chants religieux qui n'ont rien de lugubre. Tous les cent mètres environ, des porteurs nouveaux se substituent, tout en marchant, à ceux qui sont fatigués. Et ne croyez pas qu'il en manque ; au contraire, il y a surabondance ; car, d'après l'opinion commune, chaque porteur gagne des indulgences pour le Paradis. C'est peut-être un moyen ingénieux trouvé par Mohammed pour se procurer des porteurs à bon compte. Nous traversons ainsi la ville arabe pour arriver à une mosquée où doit se faire la cérémonie religieuse. Comme je ne puis y entrer, puisque les mosquées de Tunis sont interdites aux chrétiens, je m'en console en allant prendre avec l'ami qui m'accompagne un café chez le caouadji voisin.

L'absoute donnée, tout le monde se remet en marche et on atteint le cimetière, où les parents me font entrer. Nous cheminons doucement par d'étroits sentiers au milieu des tombes perdues dans l'herbe. Le tombeau tunisien est un cube long de maçonnerie, surmonté du côté de l'Orient d'une pierre plate ou d'une colonnette très basse ; au milieu un petit trou carré reçoit l'eau du ciel et forme un réservoir où les oiseaux viennent se désaltérer.

Maintenant, notre cortège gravit une colline en déroulant ses longues théories de burnous blancs, tandis qu'au fond s'estompent en violet les montagnes du Zaghouan et le Djebel-Rassas. Le ciel s'est éclairci, et les broderies du corbillard scintillent au soleil. Assis sur une tombe, un vieillard nous regarde passer tristement.

Enfin nous arrivons devant le terrain enclos de murs qui est réservé à la famille. Tout le monde se range en cercle autour de la fosse béante : c'est un trou carré, profond d'environ 1^m,50 et dont les parois maçonnées sont revêtues d'une couche de chaux.

Le fils et le petit-fils du défunt descendent seuls dans la fosse ; car les Arabes ne laissent jamais à des mains étrangères le soin des derniers devoirs. Tandis que l'un scelle dans une paroi du mur un parchemin roulé où sont consignés le nom et la date de la mort, l'autre prépare avec de la terre une sorte d'oreiller. Puis le corps enveloppé de voiles rouges et violets est descendu entre les bras du petit-fils, qui le porte doucement comme on porterait un enfant. Aussitôt un grand velum est étendu horizontalement au-dessus du sépulcre et dérobe le cadavre aux yeux des assistants; par une sorte de pudeur dans la mort, on veut ainsi éviter aux parents et aux amis la vue des derniers préparatifs. Les chanteurs rompent le silence et attaquent sur un mode grave des versets analogues au *Memento quia pulvis es* et dont voici le sens : « Je vous ai créé de terre; je vous y ferai rentrer et vous en sortirez une seconde fois. »

Je jette un coup d'œil autour de moi; tous mes voisins sont penchés sur le sépulcre, immobiles, la face grave et formant des groupes superbes.

Maintenant le voile est enlevé ; on aperçoit le mort couché sur le sol dans l'attitude du sommeil, la tête tournée du côté de la Mecque, comme le prescrit le Koran. Les parents remontent. Des maçons apportent de longues pierres plates qu'ils couchent en travers de l'ouverture ; ils en superposent plusieurs rangées et recouvrent le tout de ciment.

La foule s'écoule sur l'invitation d'une sorte de maître des cérémonies, et, selon les règles de la politesse arabe, chacun va présenter ses condoléances au fils du défunt et lui embrasse l'épaule. Mon ami et moi nous nous sommes contentés d'une poignée de main à la française, et nous sommes rentrés à Tunis vivement émus par la dignité et le sérieux de cette cérémonie.

CHAPITRE IX

ENVIRONS DE TUNIS.

Tous les environs de Tunis sont charmants,
et pour excursionner on n'a que l'embarras
du choix. A l'est, un petit chemin de fer conduit à Hammam-Life. Voici Rhadès, à cheval
sur le lac et la mer, à l'embouchure de l'Oued-
Miliane ; assis sur une colline, le village, dont
les maisons arabes s'étagent coquettement au
milieu des oliviers, sert de villégiature en été
aux familles tunisiennes. La route d'Ham-
mamet le traverse, et à ses pieds se déroule la
plaine cultivée de Grombalia, que parsèment
de points blancs les fermes des colons. Sur la
plage, il s'est bâti des bains, des villas entourées de jardins qui en font la station balnéaire
de Tunis. Quelques kilomètres plus loin,

Hammam-Life s'accole à la base du Bou-Kournine ; c'est peu important : quelques cafés maures et une maison de plaisance où le bey vient dans la saison chaude. La plage est jolie, et il y a, paraît-il, des sources dans quelques maisons ; d'où son nom de Hammam, qui signifie bain.

Le côté de l'ouest est peut-être le plus intéressant. Sidi-Bou-Saïd, Carthage, la Manouba, El Ariana, etc., valent bien la peine d'être visités. Sidi-Bou-Saïd est un joli village arabe perché sur un promontoire, auprès de l'emplacement où fut, dit-on, Carthage. De l'antique citée phénicienne il ne reste que quelques débris de murs épars dans les champs et de vastes citernes dont les plus grandes sont transformées en silos. Sur le rivage, par endroits, des fûts de colonnes décapitées émergent de la mer.

Des maisons de Sidi-Bou-Saïd, bâties sur le rocher à pic au-dessus de la mer, on domine la côte et la vue s'étend jusqu'au cap Bon.

Tout autour, vers la Marsa, la plaine se couvre de jardins, de villas, de champs d'oliviers et d'une végétation très florissante. La Marsa, placée dans une petite anse, est un palais carré, bâti au bord de la mer et entouré de grands jardins; une agglomération arabe s'est établie aux alentours. On traverse facilement la cour principale du palais, où est entassée l'artillerie beylicale, mais on ne peut que difficilement visiter l'intérieur, le bey l'habitant presque toujours.

Plus près de Tunis, sur la ligne Bône-Guelma, le bey possède encore deux autres palais, le Bardo et la Manouba. La Manouba est l'ancien palais Kerredin, en partie transformé en caserne pour les chasseurs d'Afrique. Il ne reste guère d'intact que quelques superbes salles en marbre qui font regretter ce qui a disparu. Tout autour sont des vergers qui fournissent à la ville des oranges excellentes.

Le Bardo, bien plus important, est presque aussi délabré : une vaste place où quelques soldats tunisiens font l'exercice, derrière des grilles un jardin mal entretenu et d'immenses constructions composent tout le palais. Je me souviens encore de la tristesse qui se dégage des grandes cours désertes dont les murs décrépits menacent ruine ; on craint à chaque pas de recevoir sur la tête un grillage de fer ou quelque morceau de marbre. Le palais est immense ; les appartements, en aussi mauvais état que la façade, se succèdent en longues salles décorées de marbres, de faïences et de stucs admirables. Quelques pièces ont encore conservé un mobilier très riche et fort original. La salle du Trône est de proportions grandioses ; mais les sièges, les tapis, sont vieux, usés jusqu'à la corde ; aux murs sont accrochés les portraits bien médiocres des beys précédents. La salle de justice, de proportions plus modestes, mais plus luxueuse, possède un trône richement sculpté et monté sur des marches de marbre ; c'est là que le bey rend la justice.

En somme, de tous côtés on sent la ruine et la décadence, et le voyageur est pris de mélancolie en voyant ce qu'ont fait de la civilisation arabe, jadis si belle, l'insouciance et la paresse des gouvernements musulmans.

CHAPITRE X

Pendant les deux premiers mois de mon
séjour à Tunis, j'avais eu un temps magnifique; mais, au mois de janvier, l'hiver arriva
brusquement, selon l'habitude du pays. C'est
un préjugé commun de croire qu'il faut visiter l'Afrique en hiver; rien n'est plus ennuyeux que ces pays de soleil quand il pleut.
A Tunis, en particulier, l'installation hiver-
nale est déplorable. Le système de construction des maisons est fait surtout pour garantir
de la chaleur : les appartements sont dallés
de marbre, les murs revêtus de faïence et les
cheminées y sont inconnues. Par les temps
humides, ce sont de véritables caves. Les
Arabes et même les Européens se servent bien,

il est vrai, d'une sorte de brasero nommé *canoun* (un pot de terre rempli de charbons ardents), qu'ils placent au milieu d'une chambre ; mais ce moyen primitif est tout à fait insuffisant. De plus, les portes et les fenêtres ferment mal ou pas du tout et laissent passer des courants d'air glacé.

Dehors, les rues, n'étant pas pavées pour la plupart, se transforment rapidement en cloaques de boue sous les ondées et les rafales de la mer. Le paysage devient terne et gris, et il n'y a pas jusqu'aux murs blancs des maisons qui ne prennent des teintes pisseuses. Il est vrai que, s'il survient une demi-journée de soleil, tout sèche immédiatement et reprend son éclat.

Dégoûté du mauvais temps, je pensai à aller dans le Sud retrouver le soleil, et, vers février, je décidai mon départ pour Gabès. Je m'embarquai donc par un après-midi brumeux sur un des transatlantiques qui desservent la côte tunisienne, la *Ville d'Oran*, et à quatre heures du soir nous levions l'ancre.

En cette saison tardive, nous étions peu de passagers : quelques commerçants du littoral voyageant pour leurs affaires, des officiers de tirailleurs, dont un indigène, et un interprète militaire. Il y avait aussi des recrues pour le bataillon d'Afrique, voyous parisiens, repris de justice, déserteurs, souteneurs et autres produits habituels des grandes villes. Sous la conduite de gendarmes français, ils allaient à Gabès rejoindre leur corps et, du reste, n'en avaient pas l'air bien désolé ; ils avaient même transformé l'avant du navire en café-concert et charmaient les loisirs de la traversée par les chansons et les refrains ineptes qui forment l'ordinaire des beuglants. Comme contraste, des groupes d'Arabes impassibles, couchés sur le pont, attendaient le moment d'être utilisés pour la manœuvre du bâtiment.

Je liai connaissance de suite avec l'interprète militaire, charmant garçon dont le caractère semblerait étrange aux gens habitués

à la vie française. D'une bonne famille de
Constantine, il préférait à toute autre la vie
aventureuse et solitaire des postes du Sud et
sur sa demande allait à Douiret, coin perdu à
la frontière tripolitaine. J'avais donc pour
toute la traversé un compagnon de route
avec qui je pourrais causer et échanger mes
impressions, ce qui n'est pas désagréable en
voyage.

La vie à bord est monotone, mais elle n'a
rien d'ennuyeux ; s'il fait beau, on se promène sur le pont; s'il pleut, on rentre dans
les cabines ou dans le fumoir. L'occupation
la plus sérieuse de la journée, c'est le repas ;
à dix heures du matin, la cloche du déjeuner
appelle les passagers. A la table que préside
un officier du bord (le commandant pour la
première classe, le second pour la seconde
classe), tout le monde se tient d'abord sur la
réserve. On ne sait quels voisins le hasard
vous a donnés, et l'on veut éviter des aven-
tures quelquefois drolatiques. Témoin celle

d'un bon curé, très exubérant, qui liait amitié avec son voisin de table, gros monsieur respectable plein de prévenances, et qui n'aurait jamais su la qualité de son ami de rencontre, si un officier ne l'eût avisé charitablement : c'était le tenancier d'une maison Tellier de la côte. Au bout d'un repas, la connaissance est faite, les passagers se groupent selon leurs sympathies. Le reste de la journée se passe en promenades sur le pont; à six heures, on dîne; à huit heures, on prend le thé, puis on va fumer un cigare en regardant les grosses lames, souvent phosphorescentes, qui se brisent contre le navire, ou le coucher de soleil; et à neuf heures et demie, tout le monde dort.

Le lendemain, je suis réveillé par un bruit infernal de ferrailles ; on jette l'ancre. Par le hublot de ma cabine j'aperçois au-dessus du bleu des vagues une masse laiteuse qui s'étale au loin sur le rivage et brille au soleil ; nous sommes à Sousse. Comme le navire doit y

charger des marchandises toute la journée, je
m'habille vivement pour descendre à terre.
Sur le pont, la cale aux marchandises est ouverte, et la grue en remonte, avec un roule-
ment strident, des caisses, des paniers, des
tonneaux. Le navire est entouré d'une flot-
tille de tartanes, les unes vides pour recevoir
les arrivages, les autres chargées de sacs,
d'étoffes, d'alfa, de tonnes d'huile, etc. Les
Arabes de ces bateaux sont d'un type plus
grossier que ceux de Tunis. Vêtus d'une espèce de blouse brune, ils ont la figure brutale
et dure, de vraies têtes de pirates.

Au bas de l'escalier, quelques barques
attendent les passagers; parmi elles, le canot
des postes se distingue par un superbe équipage de rameurs maltais. Mon compagnon
l'interprète et moi nous prenons place avec
quelques Arabes dans une légère felouque.
La côte est loin, à quatre ou cinq kilomètres;
un fond de sable dangereux par son peu de
profondeur empêche les grands navires d'y

aborder et quelquefois aussi de stationner par le gros temps.

Il en est de même sur tout le littoral tunisien, encore dépourvu de ports sérieux; à l'appui, on cite l'histoire légendaire d'un gendarme embarqué à Tunis avec son cheval pour Mahedia et qui, faute de pouvoir débarquer, dut faire le tour complet par Tripoli, Malte et Tunis, avant d'arriver à destination. Lorsque ce contre-temps arrive aux voyageurs ordinaires, ils sont obligés d'aller jusqu'à l'escale prochaine pour y attendre, quelquefois plusieurs jours, le paquebot qui remonte la côte en sens inverse; le tout à leurs frais, bien entendu.

En approchant de Sousse, la tache lumineuse se détaille peu à peu; la ville apparaît en amphithéâtre, entourée de murailles blanches et de tours crénelées. Au milieu on distingue les petits cubes ombrés de bleu qui indiquent les maisons, les minarets des mosquées, la Kasbah au sommet de la ville, un port rudimentaire, des barques, des felouques et un appontement en bois. Nous y abordons au milieu d'une foule d'Arabes qui offrent leurs services. Comme je n'ai pour tout bagage qu'un album, je m'esquive, laissant mon compagnon rendre visite à son collègue, l'interprète de Sousse.

La ville est à quelques centaines de mètres; on y rentre par une porte arabe taillée dans l'épaisseur des murs et bariolée de jaune et de rouge. Un quai assez spacieux longe la ville, avec une bordure d'anciens canons plantés en terre, énormes pièces de fonte qui furent, dit-on, fournies au bey par un banquier juif bien connu. La livraison faite, on ne put jamais les utiliser, et ils servent maintenant à amarrer les barques du port.

Sousse est entièrement ville arabe; des rues étroites, tortueuses, grimpent en zigzag jusqu'au sommet de la colline. La montée est parfois rude, mais au sommet on est payé de ses peines par des échappées charmantes sur la mer. Un petit souk sombre et mal pavé est à mi-côte. Après avoir erré quelque temps à l'aventure dans ce dédale de rues, assez animées cependant, et fait quelques croquis, je redescends en suivant l'enceinte jusqu'à l'unique restaurant de l'endroit.

Après déjeuner, je parcours à nouveau la ville en tous sens; elle est décidément fort intéressante. Je commence aussi une aquarelle; mais le temps, qui menaçait, se met à la pluie, et de larges gouttes d'eau me forcent à plier bagage. Du reste, le départ est fixé à trois heures, il est temps de partir. Sur le quai, je retrouve mon interprète; nous louons une barque et nous rentrons à bord. Par suite de retards imprévus, c'est seulement à huit heures que le paquebot lève l'ancre. La nuit est noire : au loin, Sousse paraît vaguement dans une buée tachée de points lumineux, puis se perd peu à peu dans l'éloignement.

Le lendemain, à huit heures, je suis réveillé par le grondement de la grue. Nous sommes auprès d'une côte basse, devant une ville blanche ; c'est Monastir. Sur le pont j'apprends qu'il est impossible de descendre ; il y a peu de marchandises à prendre, et on partira de bonne heure. Heureusement la ville est peu éloignée, et j'en distingue tous les détails. Comme à Sousse, les murailles blanches sont à créneaux, la Kasbah domine à pic le rivage, et sa masse imposante est surmontée d'une grosse tour ronde. D'épais contreforts soutiennent sa double enceinte, trouée de taches noires par les embrasures des canons.

A midi, départ pour Mahedia. La côte que nous louvoyons est plate ; elle fait sur l'azur du ciel une ligne rousse coupée par endroits de bouquets de palmiers. A trois heures nous sommes en face de Mahedia, dans une baie circulaire très calme et bien abritée. Au fond, à droite, on aperçoit les ruines d'un ancien port, deux tours à demi détruites, des pans de mur, derniers restes sans doute de la cité commerçante que les Espagnols y avaient jadis établie. La ville actuelle, bâtie sur la mer, a l'aspect de toutes les villes arabes du littoral; des pentes rapides, entrecoupées d'anciens ouvrages, descendent jusqu'au rivage.

Nouveau départ à six heures, cette fois pour Sfax; le soleil descend sur l'horizon. Partout sur mer le coucher de soleil est beau; en Afrique il est merveilleux. Sur le ciel en feu, des nuages de carmin s'allongent en forme de poissons frangés d'or; la mer devient un lac de sang dont chaque vague s'é-crête d'une flamme brillante. La terre semble noyée dans une vapeur rougeâtre, et les quelques maisons qu'on y voit deviennent roses. Le pont, les chaloupes, les agrès s'allument de reflets jaunes et rouges : c'est une féerie. Puis l'or des fonds s'éteint, les grands nuages passent au violet; au-dessus, quelques légers flocons d'opale flottent dans un ciel lilas qui se fonce à chaque minute, la mer tourne au bleu foncé. Bientôt il ne reste plus à l'horizon

qu'une grande lumière blanche très douce,
comme les dernières lueurs d'un incendie
derrière les montagnes. La brise fraîchit, la
mer devient de plus en plus sombre, et les
étoiles scintillent sur le gris de la nuit.

Le matin, Sfax était en vue. Comme à
Sousse, par crainte des bas-fonds, les transatlantiques mouillent à six kilomètres de la
côte. Nous y resterons toute la journée, et je
descends à terre avec l'interprète et deux officiers indigènes de tirailleurs, venus de Sousse.

Une barque montée par des Arabes nous
emmène rapidement. Nos matelots sont des
Sfaxi; ils ont la figure énergique et portent
le turban vert. Le corps est maigre et nerveux, les attaches sont fines.

Au loin, la ville s'étend sur une côte ver-
doyante d'oliviers parsemée de villas : de
nombreuses barques tirées sur le sable donnent à la plage le faux air d'un port breton.
Les maisons viennent jusqu'à la mer, et de ce
côté il n'y a pas de murailles; elles ont été

justement ce jour-là, la carte est copieusement fournie de plats arabes, couscous, sed-
jouka, etc. Il n'y a pas moyen de refuser, et
en attendant nos hôtes nous pilotent dans la
la ville. Les rues resserrées, mal bâties, sont
en somme peu intéressantes; le trafic, qui est
considérable avec l'intérieur du pays, leur
donne cependant de l'animation. Après avoir
fait honneur à l'excellent repas qui nous était
offert, nous regagnons notre bord, reconduits
par nos aimables amphytrions, et à cinq heures
nous partons pour Gabès, notre dernière destination.

GABÈS — L'ENTRÉE DE DJARA

A ce moment, je suis accosté par un interprète militaire envoyé par le lieutenant L..., prévenu de mon arrivée par un ami commun. Retenu par son service (il est officier d'ordonnance du commandant militaire), il me fait savoir qu'il n'a pu me trouver un logement et qu'il est préférable pour ce soir de coucher à bord. Mais il est trop tard pour retourner au paquebot, et mes bagages sont déposés sur le sable. Que faire? Tant pis, je coucherai où je pourrai, et, après avoir recommandé mes malles à l'agent de la Compagnie Transatlantique, je me dirige vers Gabès avec l'interprète. En route, celui-ci m'explique que la pénurie de logements a pour cause le séjour prolongé du 29° bataillon de chasseurs, la dernière troupe française de l'expédition; beaucoup d'officiers couchent sous la tente.

A l'extrémité d'une bande de sable nous nous trouvons devant le bordj du gouverneur, grand bâtiment carré moitié maison, moitié fortin. A gauche, le cercle militaire, bondé d'officiers, étincelle de lumières. Nous y entrons; l'interprète Saïd me présente, et entre deux bocks on agite la grave question de trouver un lit. Par précaution, on retient le billard du cercle comme pis aller, et nous commençons nos recherches dans le pays. Après plusieurs courses infructueuses, je trouve ce qu'il me faut; tant bien que mal un lit de camp est dressé dans une cuisine, et je puis enfin me coucher.

Le lendemain matin, ma première visite est pour le lieutenant L... Il m'accueille avec une bonhomie pleine de rondeur et met à ma disposition sa vieille expérience du pays. Je me rends ensuite chez le gouverneur civil, le général tunisien Allegro, à qui je dois remettre une lettre de la Résidence. Je traverse tout Gabès, une rue de trois ou quatre cents mètres de longueur bordée de barraques en planches et de petites cases; quelques vagues boutiques et des débits de boisson y représentent le commerce. Dans le vestibule du bordj, près de la grande porte, des Arabes accroupis attendent leur tour d'audience. Un grand nègre vêtu de bleu et chamarré magnifiquement m'introduit dans la salle, où je remets ma lettre au général Allegro. A une table voisine, le contrôleur adjoint et le khalifat, superbe vieillard à barbe blanche, reçoivent les réclamations et les explications des indigènes.

Lecture faite de la lettre officielle, M. Allegro m'offrit ses bons offices et me retint à déjeuner. Le général Allegro doit sa situation officielle aux services qu'il rendit à la France, lors de la conquête de la Tunisie. Fils d'un colonel de spahis et d'une femme arabe, il est d'une finesse tout orientale. Très au courant de Paris, où il a fait de nombreux séjours, il en a gardé le tour d'esprit gai et sceptique.

Tout en déjeunant, la conversation vint à tomber sur ses administrés européens, en majeure partie composés de repris de justice et de gens tarés. Le Résident voulait, paraît-il, qu'il y eût un conseil municipal à Gabès; c'était assez embarrassant de trouver des éligibles dans une population privée de ses droits civils : « Heureusement, me dit en riant le général Allegro, votre arrivée me tire d'affaire; je vais vous nommer d'office conseiller municipal, et vous pourrez, en rentrant à Paris, mettre sur votre carte : conseiller municipal à Gabès. » Inutile de dire que, n'ayant aucun goût pour les honneurs, même à Gabès, la proposition n'eut pas de suite. Ce que j'acceptai par contre, et avec reconnaissance, ce fut un lit de camp dont j'étais dépourvu.

L'après-midi, j'ai enfin trouvé une chambre, si toutefois on peut nommer ainsi le local que j'occupe dans un fondouck : quatre murs blanchis à la chaux et une porte surmontée d'un étroit vasistas. Le sol battu tient lieu de plancher, et le mobilier, des plus sommaires, comprend : le lit de camp prêté par le gouverneur, une chaise boiteuse, un pot à eau, une cuvette ébréchée, et pour table j'ai mes malles.

Le fondouck (auberge arabe) est tenu par un Français, ex-cuisinier du colonel commandant la région; c'est en même temps la popote de l'État-major et des Renseignements.

Mon installation terminée (et ce n'est pas long), je reçois la visite du lieutenant L..., qui vient voir où j'en suis. Nous allons tous deux au Cercle militaire, où je suis présenté à mes futurs commensaux; car il est entendu que je mangerai à la popote. C'est une petite salle blanchie à la chaux où se trouvent, à différentes tables, les officiers d'état-major, de renseignement, d'administration, et les gardes d'artillerie. Si le service n'est pas luxueux (les couverts sont en plomb), la nourriture est saine. La viande est fournie, contre des bons, par l'administration militaire : il n'y a pas de boucherie civile à Gabès. En tout cas, la belle humeur des convives supplée à tout ce qui manque.

Le dîner se passe gaiement. Le président de table, un capitaine de renseignements, a fait la campagne de Tunisie et raconte avec humour quelques épisodes intéressants. Mais vers la fin du repas, je vois un de mes voisins changer de visage; il donne des signes d'inquiétude, se lève, disparaît et revient quelques minutes après, l'air radieux; puis c'est le tour d'un autre, et successivement tous les convives, les uns après les autres, en font autant. C'est bizarre. Intrigué, je prends à part mon ami le lieutenant pour lui demander l'explication du phénomène. Il sourit : « Demain, répondit-il, vous le saurez vous-même. » Effectivement, le lendemain je savais à quoi m'en tenir : l'eau de Gabès est purgative et remplace avantageusement l'eau de Pulna.

Le deuxième jour, le matin, comme j'ouvrais ma porte, un tourbillon de poussière m'a presque aveuglé; c'est le siroco. Ce mot ne dit rien à ceux qui ignorent combien est

désagréable cette plaie des pays du Sud et
dont le mistral de Provence ne donne qu'une
faible idée. Le siroco est le vent du Sud;
brûlant l'été, glacial l'hiver, il traverse les
déserts du Sahara, entraînant avec une vio-
lence inouïe des montagnes de sable et de
poussière. Il souffle sans discontinuer, par
périodes régulières, trois, six ou neuf jours.
Son arrivée est toujours brusque et inatten-
due. La plaine est ensoleillée, tiède; seul à
l'horizon paraît un mince nuage de couleur
roussâtre. Il grandit, s'étend en tache d'huile
et couvre rapidement tout le ciel d'un voile
opaque et glauque. Une trombe de sable
s'abat en tempête sur la plaine. Tout disparaît dans la poussière : les bourriquots s'arrêtent, les chameaux se couchent, chacun
cherche un abri où il peut. Le vent siffle
dans les palmiers, dont il courbe les longues
branches; il secoue les fenêtres, menace d'en-
foncer les portes, et, malgré toutes les précautions, sa poussière entre jusque dans l'inté-

rieur des maisons. En une seconde, les passants ont les yeux, le nez et les oreilles remplis de sable ; les uns se cachent la figure dans un mouchoir, les autres arborent d'énormes lunettes comme celles de nos cantonniers. Cette fois, j'ai eu la chance de ne l'avoir que pendant six jours ; couché sur mon lit, faute d'autres meubles, j'ai passé ce temps à étudier la grammaire arabe. C'est peu récréatif.

Enfin c'est fini ; le soleil a reparu, et je puis sortir pour battre les environs. Gabès comprend un camp, autour duquel s'est bâtie une agglomération européenne ; deux villages arabes, Djara et Mentzel, et une très belle oasis que contourne une rivière, l'Oued-Gabès.

Le camp, formé de baraques en planches, est placé au bord de la mer avec son parc d'artillerie ; sur le front de bandière, de solides poteaux supportent une grosse poutre armée de crochets. C'est la boucherie militaire, où l'on abat des moutons, quelquefois des bœufs; on suspend ensuite les victimes à cet étal primitif. Au delà s'étend une vaste plaine que coupent en partie l'Oued-Gabès et l'oasis; les deux villages s'enlèvent en masses pittoresques sur la silhouette découpée des palmiers.

Comme la plupart des rivières du Sud, l'Oued-Gabès est un petit cours d'eau passablement encaissé et qui ondule autour de l'oasis en mille replis; il tombe dans la mer non loin du camp. La marée basse découvre à son embouchure une vase pestilentielle qui cause en partie les fièvres du pays. Les bords de l'Oued sont charmants et offrent à chaque pas des paysages de caractère : tantôt la rive escarpée se couvre de maisons entremêlées de coubas et de minarets, tantôt en pente douce elle se glisse sous l'ombre des palmiers et encadre d'une bordure jaune leurs reflets paisibles. Parfois, la rivière traverse l'oasis en cascades tumultueuses, au milieu d'une végétation tropicale ; des ponts très bas, ou plutôt des chaussées de pierres sèches relient ses deux bords.

Auprès des villages, des troupes d'enfants prennent leurs ébats et égayent la rive de leurs cris et de leurs costumes blancs. Des femmes y viennent puiser l'eau dans de grandes amphores qu'elles portent majestueusement sur l'épaule ; d'autres lavent et battent le linge avec les pieds, mêlant l'écarlate de leurs robes au vert puissant de la végétation africaine. Le soir, des troupeaux de moutons, de chameaux, de chevaux, viennent de tous côtés s'y abreuver, et, sous les derniers rayons du soleil, cet ensemble prend une grande allure de vie biblique.

Des deux villages adossés à l'Oued, Djara est le plus rapproché du camp de Gabès ; de loin, on dirait un amas de pierres s'élevant par étages sur les fonds sourds de l'oasis. Les maisons, d'un style particulier au Sud, sont en briques crues, sans ornement et précé-

déces ordinairement d'un portique à colonnes
et à plein cintre. Les rues étroites, sans pavé,
se dirigent tantôt parallèlement à l'Oued,
tantôt à angle droit, dans le prolongement
de ses ponts.

Au centre du village, la mosquée dresse
son minaret carré sur une petite place bordée
de boutiques à auvents et de cafés maures :
c'est le marché, que le trafic des caravanes
rend important. Avant l'occupation française,
il se tenait dans l'autre village, dont le nom
même, Mentzel, signifie marché. Mais, lorsque
le Sud se souleva pour repousser l'invasion
française, les gens de Mentzel se mirent en
tête du mouvement (l'escadre dut même bom-
barder le village), et, par mesure de rigueur,
le marché fut supprimé à Mentzel et trans-
porté à Djara.

La place, avec sa foule bruyante et son
déballage d'objets hétéroclites, rappelle assez
les foires de nos pays. Auprès des provisions
de bouche, viande, pastèques, dattes, etc.,

s'entassent des montagnes de vieux chéchias dont la crasse est le moindre défaut, des burnous usés, des robes déteintes, toute une défroque multicolore qui chatoie agréablement au soleil. Des Arabes achètent des moutons, de la laine, des peaux. Dans les boutiques demi-obscures sont empilés les tapis de toutes provenances, tapis d'Oudreff aux fines broderies, tapis de Gafsa aux rouges éclatants, fliges, toiles de tente en poil de chameau, portières sombres de Tripoli, etc., enfin, ce que les caravanes importent ou exportent de la Tripolitaine et du Soudan. D'autres marchands tiennent spécialement les étoffes du vêtement, les lainages indigo, les fins haïks de Djerbah, rayés de soie, les couvertures bariolées ou brunes, etc. Des Juifs à turban noir, debout sur des monceaux de tissus, offrent et vendent leurs marchandises à une clientèle nombreuse et affairée. C'est très original et, plus d'une fois, j'y suis allé flâner et même acheter. Les rues

voisines sont de petits souks où se travaillent
les métaux, le fer, l'argent, le cuivre, et où
se fabriquent des bijoux, bracelets, pendants
d'oreilles, etc., très estimés des femmes des
tribus.

Derrière le village, des jardins en terrasse
surplombent la rivière et imitent à s'y mé-
prendre d'anciennes fortifications. En remon-
tant le cours de l'Oued-Gabès, à un kilomètre
environ, on atteint Mentzel. Tout à l'entour
le sol est bosselé de monticules : les fouilles
qu'on a faites ont mis à jour les ruines romaines de l'antique Tacape, qui, au dire des
historiens anciens, fut une cité florissante,
reine de la Syrte. Sur un point culminant,
les Arabes ont élevé un marabout à Sidi-
Boulbaba, un des compagnons du Prophète,
qui, d'après la tradition, fut enterré à cet
endroit. On trouve, à chaque pas, des restes
de constructions romaines; les indigènes s'en
sont servis pour leurs maisons et leurs mosquées. Tantôt une colonne s'encastre dans

l'angle d'une rue, tantôt un fût ou un chapiteau fait tache dans la maçonnerie.

Les rues de Mentzel sont semblables à celles de Djara, mais plus désertes ; elles portent encore les traces du bombardement, et on y voit partout des pans de mur ruinés et des terrasses croûlantes. Une enceinte fortifiée, percée de portes sur l'Oued, est restée en partie intacte. Il n'y a guère de remarquable que des couloirs obscurs faits d'énormes pierres plates posées à même sur des colonnes en pierre, dans le genre des Égyptiens et des Pélasges ; par endroits, ils remplacent complètement les rues. On retrouve aussi ce système de construction dans les maisons de l'oasis.

Au delà de Mentzel, la plaine s'allonge en ondes rougeâtres jusqu'à l'horizon, interrompue seulement par une série de petites oasis ; à peu de distance, près de la source de l'Oued-Gabès, s'est établi le camp du bataillon d'Afrique. De ces petites oasis, la plus coquette est, sans contredit, celle de Teboulbou. Quittant un jour la plaine brûlante, je cheminais à l'ombre des palmiers, dans un des sentiers solitaires qui la traversent, lorsque, dans une éclaircie, je me trouvai devant un élégant bassin de marbre. Un cercle de colonnettes l'avait entouré primitivement, mais il n'en restait que les socles mutilés et un fût demi-brisé. Au milieu, une colonne de marbre rose et des chapiteaux gisaient dans une eau limpide, où un vieil Arabe faisait ses ablutions. Ce coin était d'un calme et d'une fraîcheur si délicieuse au milieu des sables désolés, que j'en ai gardé encore la sensation vivace.

CHAPITRE XII

IMPRESSIONS. —— LA PLAINE. —— LES CARAVANES. ——
L'OASIS.

Six heures du matin. Je suis réveillé par
les joyeuses sonneries des tirailleurs qui partent à l'exercice. J'ouvre la fenêtre ; une
brise légère et fraîche pénètre dans ma chambre et soulève doucement le rideau. Je respire avec délices, et je pense aux odeurs nau-
séabondes de Paris ; c'est beau, la civilisation.
Par-dessus la haie de palmes qui entoure ma
nouvelle maison (j'ai quitté mon fondouck),
je vois la plaine ensoleillée transparaître dans
une jolie vapeur nacrée ; au milieu, Djara et
Mentzel forment une tache blanche, et l'oasis
dessine délicatement sa ligne de vert argenté.
Le ciel, d'azur profond au-dessus de ma tête,

décroît d'intensité en descendant sur l'horizon, où il se noie dans un rose d'une finesse charmante ; c'est le ciel des poètes, le vrai ciel d'Afrique, habituellement si mal rendu par les peintres. Un grand épervier qui plane y met une tache rousse.

Près du camp, sur le front de bandière, manœuvre une compagnie de tirailleurs ; l'air est si pur que je distingue nettement les moindres gestes, les détails du costume, les culottes blanches, les guêtres, la veste bleue. A côté, une compagnie de joyeux est d'une allure assez piètre ; la fine fleur des pois fait de pauvres soldats. Les spahis, en vestes rouges, tournent dans un manège en plein air, sous la direction des sous-officiers ; j'entends les commandements et même les observations à haute voix.

Peu à peu tout s'anime : des Maltais passent avec une araba chargée de sacs ; des chameaux agenouillés auprès d'une masure poussent des cris de colère tandis qu'on les

7.

charge. Auprès de l'oasis, le mouvement s'accentue ; c'est un va-et-vient continuel de haïks bruns, de burnous, de robes bleues, et le bruit confus des voix, les cris des hommes et des animaux parviennent jusqu'à moi. La journée est commencée.

La plaine de Gabès est un immense terrain pierreux, rougeâtre, durci par le soleil, qui se perd à l'horizon. Quand les pluies sont assez abondantes pour détremper le sol, les Arabes l'ensemencent d'orge après l'avoir cultivé sommairement avec leurs charrues de bois. Comme la sécheresse est la règle habituelle du pays, la plaine reste ordinairement aride et stérile. Rien du reste ne rompt la monotonie de ces espaces désolés que les silhouettes brunes des chameaux et des caravanes s'égrenant en longues files. Une herbe courte et rare pousse par endroits, mélangée aux touffes d'alfa. Au loin, dans le Sud, des crêtes bleues de montagnes indiquent le massif des Matmatas.

Comme habitants, on n'y trouve guère que les scorpions, les terribles vipères à cornes et les grands oiseaux de proie, éperviers ou vautours, qui suivent les vols d'alouettes et d'autres oiseaux voyageurs. Mais le ciel y est pur, d'un bleu très fin teinté de rose ; il donne à l'œil une sensation de bien-être indéfinissable, et l'on se sent vivre délicieusement dans ce grand calme où s'anéantit tout chagrin et tout désir. On comprend alors les nomades qui restent des heures entières à le contempler, accroupis dans l'ombre de leurs tentes. C'est la vie primitive des peuples pasteurs et des patriarches que décrit la Bible, et qu'on ne sent bien qu'après avoir vécu dans ces régions.

Aux approches des villages arabes campent les caravanes et les nomades. De tous temps, Gabès fut un centre important d'échanges pour les peuples du Soudan et de l'intérieur de l'Afrique ; mais à la suite de l'occupation française, ces caravanes effrayées prirent la route de Tripoli. Depuis la France a fait ce qu'elle a pu pour les attirer de nouveau en Tunisie, en passant par Rhadamès, et elle y a réussi sinon complètement, du moins en partie.

L'arrivée d'une de ces caravanes est toujours un spectacle intéressant. Dans un nuage de poussière, s'avancent gravement les files de chameaux chargés de caisses, de nattes et autres marchandises; derrière, trottinent les maigres bourriquots. Les hommes vont à pied, encapuchonnés dans leurs burnous, le fusil en bandoulière, avec le petit sac bariolé qui contient l'argent et les provisions pour la route. Certains voyagent sur de petits ânes, mais rarement on en voit à cheval; les femmes et les enfants suivent sur des mulets ou des ânes.

La halte se fait auprès de l'oasis, dans un brouhaha indescriptible : les uns dessellent les ânes, les autres font coucher les chameaux en les frappant légèrement aux genoux avec une matraque. Les bagages sont déchargés, les tentes dressées, et, pendant que les feux s'allument de toutes parts élevant vers le ciel leur mince filet de fumée, les femmes vont au puits le plus proche chercher l'eau indispensable.

Les hommes partent au village pour acheter des victuailles, ou conduisent les ânes et les chameaux boire à l'Oued ; il faut les voir, alignés sur la rive, allonger avidement leurs cous tortueux vers l'onde fraîche et la humer à lentes gorgées. Lorsqu'il a plu, on les mène paître les lichens et les quelques touffes d'herbe que l'humidité a fait pousser ; sinon ils rentrent au campement, où ils reçoivent leur ration d'orge et de noyaux de dattes. Puis on les entrave. Des gardiens, armés de fusils, se couchent au milieu des bagages et des bêtes de somme pour les surveiller, et le calme n'est plus troublé que par les cris des enfants, la chanson d'un Arabe ou les grognements des chameaux.

Le soir, la plaine devient superbe ; le soleil se couche sur l'oasis, enveloppant d'une buée sanglante les fines découpures des palmiers, dont l'ombre s'allonge sur le sable en grandes taches bleuâtres. Par-ci par-là, une tente, des nattes, une touffe d'alfa accrochent au passage des paillettes de lumière ; un groupe de chameaux se nimbe d'or. Les Arabes rentrent à leur tente ou dans les villages. L'oasis noircit sur un ciel pâlissant, et la nuit descend constellée d'innombrables étoiles. Près de sa tente, l'Arabe fait sa prière : on le voit alternativement lever les bras au ciel et se prosterner à terre, jusqu'à ce que son burnous blanc disparaisse dans l'obscurité grandissante. Alors tout s'anime ; les feux de bivouac brillent de toutes parts ; aux bruits des tambourins se mêlent les chansons rythmées par l'accompagnement des tarboukas et les hurlements des innombrables chiens de garde. A distance, c'est une harmonie étrange, mais pénétrante, et dont souvent le soir, dans mes promenades solitaires, j'ai apprécié le charme bizarre.

L'eau, la grande préoccupation de ces pays assoiffés, est mauvaise dans l'Oued ; elle contient une forte dose de magnésie qui lui donne un goût détestable et des propriétés purgatives fort prisées, paraît-il, des marins de passage. On évite d'en boire, et l'on va chercher l'eau journalière aux sources de la plaine, moins saumâtres bien qu'encore magnésiennes. C'est un véritable commerce pour les petits Arabes ; montés sur des bourriquots gris flanqués chacun de deux grandes cruches, ils vont et viennent par troupes joyeuses. Lorsqu'ils sont à vide, souvent ils se livrent à des courses fort réjouissantes. Vêtus de gilets jaunes ou écarlates, ils chantent, crient à tue-tête et passent en trombe au grand galop de leurs montures. Les femmes nomades suivent la piste, courbées sous le poids d'énormes cruches qu'elles portent sur le dos à l'aide de courroies qui contournent le front. Le puits le plus fréquenté est celui de Metrech, et il y a toujours sur ce point une affluence et une cohue des plus pittoresques.

L'oasis de Gabès rivalise avec les plus belles oasis d'Algérie. Et d'abord il me faut expliquer ce mot, qui prend aux yeux des profanes l'allure mystérieuse d'un paradis de légende; c'est plus simple. Au milieu des sables, un coin de terre a le bonheur de posséder des sources; quelques palmiers y poussent, puis d'autres, enfin une forêt qui abrite du soleil et du siroco une végétation vigoureuse. L'homme intervient ensuite et améliore la terre par la culture et les canaux : voilà l'oasis. Celle de Gabès a environ trois kilomètres de large sur six de long et contient, dit-on, deux cent mille palmiers. Malheureusement, les dattes y mûrissent difficilement et sont de qualité inférieure; les belles dattes se récoltent plus bas, dans le Djérid, près des Schott, où la chaleur est plus forte.

La route du Sud traverse complètement l'oasis; c'est la seule voie de communication sérieuse. Quelques vagues chemins suffisent au passage des chameaux et des voitures dites araba ; le reste est un fouillis inextricable de sentiers qu'il faut très bien connaître pour ne pas s'égarer. Des canaux profonds se coupent en tous sens et, avec la fraîcheur, entretiennent la fertilité. Pas d'horizon ; on est enfermé dans une forêt de palmiers, d'abricotiers, de pêchers, au milieu desquels s'abritent des maisons et de petits jardins carrés. Les habitants y cultivent en toutes saisons les légumes, l'orge et le blé ; on les voit travailler accroupis, plantant, cueillant toute la journée. Ils saluent l'étranger avec bienveillance, et leurs femmes ne se voilent pas : ils nous savent gré de leur avoir donné une sécurité inconnue jusqu'alors. Autrefois, souvent des partis de maraudeurs envahissaient l'oasis ; ses habitants devaient prendre les armes et se défendre comme ils pouvaient pour éviter le pillage et la mort. Maintenant ils sont tranquilles et n'ont plus rien à craindre.

L'eau abonde ; c'est la richesse. Aussi son emploi est-il réglementé avec soin. Chacun à tour de rôle détourne dans son champ l'eau du canal voisin, pour un espace de temps déterminé ; à l'heure fixée, il ferme sa prise d'eau, et celle-ci passe chez le voisin qui en fait autant, et ainsi de suite. Il n'y a jamais de contestation entre indigènes à ce sujet ; l'Arabe n'use que de son droit strict et se rend compte qu'il ne peut léser les autres sans s'exposer à l'être lui-même.

On peut marcher longtemps dans l'oasis sans en sortir. De loin en loin, on entrevoit dans les palmiers le portique massif d'une maison arabe ; des chiens de garde accourent en aboyant avec fureur et menacent de leurs crocs les jambes du passant. Il faut avoir recours aux pierres pour se débarrasser de ces gardiens trop zélés. Quelquefois un espace découvert forme une clairière où se réunissent toutes espèces d'oiseaux, mais surtout des tourterelles et cet oiseau original, aux couleurs les plus brillantes, qu'on appelle le chasseur d'Afrique.

Parfois aussi, longeant les palmiers, vous êtes tout surpris d'entendre des voix en l'air : ce sont des Arabes qui récoltent le *lacmi*, sève de l'arbre obtenue par une incision ; souvent un d'eux vous en offre, et, si vous acceptez, il descend le long du tronc avec sa gargoulette, s'aidant des pieds et des mains comme un singe. J'ai bu du lacmi ; c'est un liquide blanchâtre, sucré, dont j'avoue ne pas apprécier beaucoup la saveur doucereuse. Le palmier est donc un arbre très précieux pour ce pays : il fournit la nourriture, la datte, la boisson, le lacmi, et sert d'abri contre le soleil et le vent.

Le soir, au crépuscule, c'est dans l'oasis un concert assourdissant d'oiseaux ; les palmiers découpent leurs bouquets élégants sur l'or du couchant, et l'épaisseur sombre des fourrés s'éclaire des derniers rayons comme d'autant de flèches de feu. Puis tout s'éteint et se calme ; dans les sentiers assourdis, les femmes glissent silencieusement avec leurs cruches qu'elles viennent de remplir à l'Oued.

CHAPITRE XIII

TYPES. — GENS DE L'OASIS. — NOMADES.
— MŒURS.

L'Arabe du Sud diffère totalement de celui du Nord. Mince, bien découplé, de port élégant, il contraste avec le citadin lourd et replet; ses bras nerveux laissent saillir des muscles tendus comme des cordes. La jambe sans mollet s'attache finement à un pied solide, bien cambré, que l'habitude du soulier n'a pas déformé; on le croirait emprunté à quelque statue grecque. Cet assemblage de force et de grâce ne serait probablement pas du goût de ceux (et ils sont nombreux) pour qui les déformations du corps sont les signes d'une civilisation supérieure, ceux qui admirent par exemple la petitesse du pied, qui n'est en réalité qu'un développement incomplet dû à la chaussure. La tête fière, bronzée, présente des saillies et des plans vigoureusement accusés; des yeux très vifs lui donnent une expression énergique.

Le costume est d'une simplicité sévère; une longue couverture brune s'enroule autour du corps et recouvre la tête, laissant seulement le bras droit dégagé. Les jours de fête, un ample haïk blanc le remplace et se porte de la même façon.

Les femmes sont d'une beauté remarquable. Le visage, d'un ovale parfait, a la régularité des têtes grecques; bronzé par le soleil, il est presque toujours tatoué de croix bleues sur le menton et le nez. Les yeux, très grands, très noirs, sont d'une grande profondeur, et sur le front les cheveux sont rabattus et frisés comme dans la coiffure dite à la chien. Aux oreilles, en guise de boucles d'oreilles, sont suspendues de larges anneaux d'argent. Un corps vigoureux, une taille élancée, des bras et des jambes magnifiques couverts de bracelets, leur donnent une allure sculpturale; le costume s'y prête aussi par ses amples draperies. La robe est une pièce d'étoffe bleu foncé, dont les extrémités, réunies sur l'épaule pas une épingle d'argent, laissent entr'ouvert le côté droit; une corde retient la ceinture.

La coiffure consiste en un large turban sur lequel se pose un capulet écarlate ou bleu qui encadre la figure. Un voile de laine bleue tombe jusqu'aux pieds; c'est le costume traditionnel de la Vierge. La démarche est souple, mais un peu théâtrale par l'habitude de tenir le buste très droit. Elles gardent partout une grande noblesse de mouvement, qu'elles puisent de l'eau à la fontaine ou qu'elles portent sur la tête quelque léger fardeau, un bassin de cuivre ou de bois.

Parmi les nomades, il y a beaucoup de nègres; d'une nature douce et pacifique, qui les fait traiter en enfants par les Arabes, ils apprennent avec facilité l'arabe et le français et s'emploient volontiers, chez les Européens, à toutes sortes de travaux. On utilise les négresses pour les grosses besognes du ménage, lessive, savonnage, nettoyage, etc.

C'est ainsi que mon propriétaire occupe un couple de nègres; le mari, robuste gaillard, est toujours gai, chantant; la négresse, Fatma, est tout aussi joviale. Elle est toujours accompagnée de ses deux négrillons, dont l'occupation consiste à se jouer continuellement des tours invraisemblables avec une malice et des mines de singe. Dernièrement, je vis Fatma seule, tout en larmes; son mari lui parlait à demi-voix d'un air consterné. J'appris alors que les pauvres négrillons étaient atteints tous deux de la variole. Ce terrible fléau décime les enfants du Sud d'autant plus sûrement que l'ignorance et le manque d'hygiène le rendent mortel. Quelques jours plus tard, un des négrillons était mort, et Fatma ne revint plus.

A Gabès, la population indigène se divise en deux catégories : les Arabes sédentaires et les nomades. Les Arabes sédentaires vivent dans les villages et cultivent l'oasis; ils sont travailleurs et industrieux. Les nomades n'ont pour demeure que leur tente, qu'ils transportent d'un district à l'autre, suivant leurs caprices ou leurs besoins.

Cette tente, d'un tissu brun en poil de chameau, est maintenue sur le sol par des cordes et des piquets; de forme triangulaire, très basse, elle n'est ouverte que d'un côté, et on ne peut s'y tenir qu'assis ou accroupi. Des branches de palmier fichées en terre et des nattes la garantissent, sur les côtés, du vent et de la poussière; la famille est assise et couche sur des nattes. Le mobilier, des plus simples, comprend de grandes cruches ovoïdes pour l'eau et les dattes, quelques bassins, des plats et des pots de terre destinés à la cuisine; une corde, chargée de linge et de loques, traverse la tente en guise de séchoir et de portemanteau. Dehors, nn maigre chameau, un bourriquot pelé sont attachés auprès de quelques moutons, sous la garde des inévitables chiens blancs, toujours prêts à mordre l'étranger.

Les femmes tissent la laine et préparent le repas ; les enfants crient et se roulent dans le sable ; l'homme, accroupi gravement dans son burnous, fume une cigarette, rêvant devant le ciel bleu ou égrenant son chapelet. Des fruits, des dattes, du couscous préparé par les femmes composent l'ordinaire ; les moutons donnent la laine, la viande et même, par leur vente, procurent un peu d'argent.

L'esprit de l'Arabe, naturellement contemplatif, joint au fatalisme religieux, s'accommode très bien de cette existence insoucieuse du lendemain. Évidemment c'est un sage ; et c'est avec un sourire ironique qu'il regarde l'Européen s'agiter et travailler avec acharnement : « A quoi bon, semble-t-il dire (et plusieurs me l'ont dit effectivement), à quoi bon

GABÈS — TENTE DE NOMADES

tout cela ? Tu mourras demain sans avoir vécu ; tandis que moi, je savoure l'existence, rêvant devant l'espace et pensant à Dieu. »

Et voilà les gens à qui certains politiciens rêvent de faire goûter les bienfaits d'une civilisation dont le premier article est le travail forcé de chacun de ses membres !

CHAPITRE XIV

Hier, je suis allé à la noce, à Mentzel, et voici dans quelles circonstances. Je sortais de Gabès, lorsque je rencontrai Ali, un des petits âniers de la plaine. Depuis que j'ai peint son bourriquot, il a beaucoup d'estime pour moi; aussi, dès qu'il m'aperçut, il m'interpella : « Mossié! mossié! viens avec moi à Mentzel ; ma parent il se marie, tu verras la noce. » J'acceptai. En route, mon guide m'explique que la veille avait eu lieu la partie la plus intéressante du mariage, l'enlèvement de la mariée : la fiancée, dans un palanquin porté par un chameau, est conduite en grande pompe à Sidi-Boulbaba; là, un parti de cava-

liers, commandé par le futur époux, attaque
l'escorte et simule un enlèvement, ce qui est
le prétexte d'une brillante fantasia. Si je
l'avais su plus tôt!

A Mentzel, je ne vois d'abord aucuns préparatifs de fête : les rues sont désertes, les
portes fermées. Pourtant, sur une petite place,
des groupes se promènent, fusil sur l'épaule ;
leur costume est plus soigné que d'ordinaire,
le haïk plus fin et les pantoufles neuves. A
ce moment, d'une maison voisine sortent
deux vieillards ; l'un porte un tambour allongé
comme en Provence, l'autre une grande clarinette : ce sont les musiciens, la nouba. Le
tambour bat une marche, la clarinette pré-
lude par quelques notes vigoureuses ; on se
range, on se masse derrière eux, et l'on part
au son de la musique.

A mesure que nous avançons, les portes
s'ouvrent, et des Arabes en costume de fête,
armés de leurs fusils, viennent grossir le cortège. Après avoir fait le tour du village, nous

revenons au point de départ : il y a bien deux cents hommes. On s'arrête ; de l'intérieur d'une maison (celle de la mariée) partent les youyous retentissants des femmes ; un cheval en sort chargé d'une montagne d'étoffes, de tapis, de bijoux, de soies précieuses, au sommet desquelles est juché un petit enfant. L'animal, conduit par la bride, est suivi de femmes voilées, de négresses qui portent des réchauds et brûlent des parfums : c'est l'exhibition des présents de noce.

Je leur emboîte le pas. A un carrefour, la fantasia s'organise : les jeunes gens se divisent par couple, chacun faisant face à son adversaire. Ils se toisent, se défient du geste, avancent, reculent, se couchent en joue au milieu de volte-faces multiples, jettent leur fusil en l'air et le rattrapent ; enfin ils s'avancent l'un vers l'autre par petits pas saccadés, font brusquement demi-tour, et deux coups de feu partent en même temps. Puis ils cèdent la place à d'autres qui recommencent.

La foule des curieux fait un cercle pittoresque et clair sur le fond des vieilles murailles ruinées. Le cortège se reforme, nouba en tête, et descend à l'Oued, où le même spectacle recommence, mais en plus grand. Tout le village s'y est porté ; les jardins, les maisons sont couverts de grappes humaines, rouges et blanches. Les combattants sont nombreux, la fusillade serrée, et le rivage se transforme en champ de bataille ; une large nappe de fumée glisse sur la rivière et coupe en deux les palmiers de l'oasis.

Puis on revient à la maison de la mariée ; tout le monde y entre. On s'empile tant bien que mal dans le patio, le long des colonnades ; grâce à mon petit guide, je grimpe sur la terrasse, d'où je vois tout en détail.

La fantasia recommence ; tout à coup, on s'interrompt, le silence se fait. Une vieille s'avance au milieu de la cour, portant un pot de terre brune ; elle s'arrête, lève le vase et le jette sur la terre, où il se brise en mille morceaux. Une décharge simultanée de tous les fusils, une bordée de youyous, et la cérémonie est terminée.

Pour aller de Djara à Mentzel, je passe auprès de deux cimetières arabes : ils n'ont pas d'enceinte et ne se distinguent du reste de la plaine que par leurs petits tumulus que surmontent des pierres carrées semblables à nos bornes kilométriques. J'y vois souvent des femmes assises en cercle autour d'une tombe ; lorsque je reviens, elles y sont encore, et cela dure plusieurs jours de suite. Je m'en suis fait donner l'explication que voici : pendant huit jours après le décès, les femmes de la famille passent la journée en prière sur la tombe du défunt et ne se retirent qu'au coucher du soleil. Souvent, il est vrai, elles se préoccupent peu du mort, causant entre elles et dévisageant les promeneurs. Mais les musulmans n'ont pas pour la mort l'horreur et l'épouvante des chrétiens ; pour eux, c'est une délivrance et l'entrée d'un monde meilleur, et ils ne se lamentent guère sur le sort des trépassés, qu'ils jugent heureux.

Il y a quelques jours, le lieutenant L... est venu me trouver au saut du lit : « Nous allons cet après-midi, me dit-il, à l'Oued-Melah ; êtes-vous des nôtres ? » Curieux de voir cette exploitation dont j'avais entendu parler, j'acceptai avec empressement.

L'histoire de l'Oued-Melah se rattache au projet de mer intérieure du commandant Roudaire, projet qui fut un moment célèbre et qui n'est guère qu'une utopie ; non pas qu'il fût impraticable, mais il aurait fallu des millions pour mettre en communication la Méditerranée avec les lacs desséchés de l'intérieur, et le résultat obtenu n'aurait pas été brillant. Ce ne sont pas les peuples misérables qui habitent les déserts voisins qui eussent pu faire grand commerce. Quant à modifier l'atmosphère, et par suite, fertiliser le sable au moyen de cette masse d'eau, comme on l'a prétendu, il suffit de jeter les yeux sur la côte de Tunis à Tripoli, baignée depuis des siècles par la mer, et qui cependant est restée aride et sans végétation : c'est la réfutation. Le projet de mer intérieure étant abandonné, le commandant Roudaire tenta de modifier la région par des puits artésiens. Après plusieurs essais infructueux à Gabès, il finit par rencontrer l'eau à l'endroit nommé depuis l'Oued-Melah et, avec l'aide d'une compagnie française, y fonda une exploitation agricole; c'est ce que nous allions visiter.

A midi nous traversons l'oasis et nous prenons la route de Sfax, qui longe la mer; le sol se couvre d'efflorescences blanches de magnésie qui le font ressembler à une vaste tarte saupoudrée de sucre. Par places, une source souterraine le transforme en marécage, et nos chevaux y entrent jusqu'au-dessus des sabots. Du sable, des collines rougeâtres, se succèdent jusqu'à la petite oasis de Grenouch; les maisons y sont éparpillées sous les palmiers, et un étang, alimenté par des sources vives, est d'un effet gracieux au milieu des arbres. Nous quittons l'oasis avec une escorte de gamins arabes qui, pour avoir quelques sous, exécutent en courant des cabrioles et des *roues* à rendre jaloux nos saltimbanques. Le pays est plat, aride, sans abri ni sur la mer, ni du côté du sud. Un ruisseau et un pont : c'est l'Oued-Melah. L'eau, fournie par un énorme tube en métal qui sort de terre, est d'un débit considérable, mais elle est trouble, tiède et saumâtre.

Notre arrivée, signalée par les aboiements des chiens, attire le jardinier, qui est en même temps le gardien chef de la ferme. L'exploitation n'a pas réussi ; elle est à peu près abandonnée. Nous visitons la ferme, ou plutôt ce qu'il en reste. Autour du logis principal, un immense jardin est baigné en zigzag par l'eau du puits. L'humidité y fait venir des légumes, et quelques arbres fruitiers grandissent à l'abri d'une haie de longs roseaux ; on nous montre même un oranger qui a pu atteindre ainsi la taille d'*un mètre*.

Auprès du jardin, des magasins en planches hermétiquement fermés contiennent les instruments agricoles et autres de la Compagnie; ils s'y rouillent en paix. Cette tentative malheureuse a du reste été assez mal conduite. Persuadés de la supériorité de nos méthodes de culture sur celle des Arabes, qui cependant habitent et connaissent ces pays depuis plusieurs siècles, les directeurs firent venir à grands frais des machines de toutes sortes : charrues perfectionnées, semeuses, moissonneuses, batteuses, des chariots et voitures, etc., et... l'on n'obtint rien de bon. On amena également de France des bêtes de trait, des bœufs superbes, des chevaux; ils ne résistèrent pas au climat, et il fallut abattre ou renvoyer les survivants. Après avoir subi de grosses pertes, l'exploitation fut abandonnée et le matériel remisé. Maintenant la concession est cultivée par les Arabes, qui partagent les bénéfices avec la

Compagnie; c'est le plus sage. Nous sommes revenus en longeant le rivage de la mer, et de là on se rend compte encore mieux de l'exposition défavorable de l'exploitation, livrée sans abri aux vents du large et au siroco.

Enfin, au bout de deux mois, je pensai à quitter Gabès et à remonter à Sousse; la chaleur commençait à se faire sentir, et j'étais fatigué de la purgation quotidienne que m'infligeait l'eau du pays. Cependant, je partis à regret; car le printemps rendait chaque jour l'oasis plus jolie sous sa verdure nouvelle. Après avoir fait mes adieux aux bons camarades que j'y avais trouvés, je pris le paquebot, qui me débarquait à Sousse quelques jours plus tard.

CHAPITRE XV

De toutes les villes arabes du littoral tunisien, Sousse est celle qui de la mer a l'aspect
le plus séduisant, avec ses constructions en
amphithéâtre et son enceinte d'un autre âge.
Son port deviendra important lorsqu'il sera
creusé et que les navires pourront y aborder
facilement; à l'heure actuelle, on n'y voit
guère que des bateaux côtiers, des felouques,
des tartanes, toutes d'un faible tirant d'eau.
En débarquant j'eus maille à partir avec la
douane, qui prétendait absolument me faire
payer des droits sur les tapis tunisiens de Gabès : il est vrai de dire que les employés
étaient italiens.

Je me suis installé hors de la ville, dans un

petit hôtel, le seul, mais qui paraît une merveille de confortable à quelqu'un qui arrive de Gabès : ma chambre a vue sur la ville, sur la mer, et j'ai le luxe d'un tapis!

Je viens de revoir en détail tout ce que je n'avais qu'entrevu à mon premier passage : l'enceinte crénelée, ses tours carrées et ses gros bastions à faces polygonales; cette vieille fortification est d'une épaisseur énorme. Une route qui la contourne se transforme sur la mer en un large quai que terminent aux extrémités deux grosses tours; elles servaient autrefois de phares et de tours à signaux pour les navires. Trois portes donnent accès dans la ville, deux sur le quai, une en haut : ce sont des voûtes très larges, à cintre arabe comme à Tunis, dont l'encadrement original est décoré de dessins rouges et noirs.

Sur le sommet de la côte, le camp des tirailleurs occupe l'emplacement d'une cité romaine; des fouilles récentes, faites sous la conduite des officiers, ont mis à découvert quantité d'objets anciens, des poteries, de grandes mosaïques dont l'une est placée dans la salle du rapport du 4ᵉ tirailleurs et d'autres au musée du Bardo. Elles représentent des personnages grandeur nature à cheval, des allégories, des chiens, des oiseaux, des poissons.

A côté, la Kasbah dresse sa masse sévère et sa grosse tour carrée, d'où l'on domine tous les environs. C'est un curieux bâtiment, moitié forteresse, moitié prison : sa porte principale est peinte des couleurs les plus crues; des cours intérieures, d'anciennes casernes beylicales se succèdent jusqu'au réduit que couronne la tour. Elle surplombe la ville, dont les terrasses descendent par degrés à la mer, et ses imposantes murailles rejoignent les fossés et l'enceinte de l'est. C'est là qu'habitent le colonel, l'état-major de la garnison, les divers services militaires et la gendarmerie. A ce propos j'ai eu, il y a quelques jours, la visite de Pandore : installé auprès de la Kasbah, je faisais une aquarelle, lorsque deux gendarmes, intrigués sans doute de voir un civil *tirer des plans,* descendirent par une poterne et, par des ruses de sauvage, m'enveloppèrent. Avec leur finesse habituelle ils me firent subir un interrogatoire dont je m'amusai beaucoup, et je finis par les envoyer prendre des renseignements à l'état-major, dont je connais le capitaine; il est reconnu que sous toutes les latitudes le gendarme français reste le même.

En somme, Sousse a gardé la physionomie des vieilles villes sarrazines, repaires des pirates barbaresques jadis si redoutés. Le soir, de la terrasse de l'hôtel le décor est charmant : par-dessus les créneaux de l'enceinte vivement éclairée, la ville s'enfonce dans une demi-teinte chaude et transparente; les maisons, teintées aux premiers plans d'un rose délicat, se fondent peu à peu et par étages jusqu'à la Kasbah, dont la masse bleutée s'enlève sur un ciel de safran, et la brise marine qui souffle du large ajoute encore sa fraîcheur au plaisir des yeux.

A Sousse, comme dans beaucoup de villes africaines, il n'y a d'autre eau que celle des citernes ; le voisinage de la mer rend les puits saumâtres. Mais à un kilomètre en dehors, à Bou-Jaffar, il y a des sources excellentes et très anciennes qui alimentent d'eau la plus grande partie des habitants. Des âniers vont la chercher, et tout le jour ce n'est, de ce côté, qu'un va-et-vient de petits bourriquots porteurs de grandes cruches ovales qu'on nomme ici des *jarres*.

Je suis allé visiter Bou-Jaffar et son marabout : la route qui y conduit est parallèle au littoral. Au sortir de la ville, on voit des rails partir d'une baraque en bois d'assez pauvre apparence ; des wagons entourés d'une barrière se chauffent au soleil. C'est ce qu'on appelle pompeusement la gare de Sousse, en réalité le point de départ du chemin de fer Decauville qui va à Kairouan. Derrière, dans

un fond, un cimetière arabe s'étend jusqu'à
des collines couvertes de figuiers. Les sépul-
tures diffèrent de celles que j'ai vues jusqu'à
présent. Ce sont des carrés de maçonnerie
assez bas et surmontés à l'orient d'un quart
de cercle en pierre blanche ; à l'autre extrémité, ils portent une petite pierre plate.
Comme végétation, on n'y trouve guère qu'une
herbe rase, des boutons d'or et quelques
vieux oliviers ; des moutons paissent tran-
quillement au milieu des tombes, dont beaucoup laissent voir, par des fissures, leurs
pierres désagrégées. Des lézards, de grandes
couleuvres y ont élu domicile et parfois,
effrayés du bruit des pas, sortent et rentrent
rapidement leurs têtes noires.

La route de Bou-Jaffar commence à se gar-
nir de maisons européennes, dont plusieurs
de belle apparence ; c'est l'embryon d'une
ville nouvelle. Des terrains vagues, couverts
de détritus, quelques tentes de nomades, vont
jusqu'à la plage, qui découpe au loin sa ligne

blanche. Des maisons arabes y sont disséminées ; un petit fort baigne dans la mer, et on parvient à une plaine de sable. Quelques arbustes et des figuiers tachent seuls de leur vert puissant sa blancheur éblouissante. Des femmes arabes, des négresses aux costumes éclatants, y lavent leur linge dans des bassins de cuivre et le font sécher ensuite aux branches voisines. Des bourriquots avec leurs conducteurs stationnent auprès des sources, qu'enferme un bâtiment carré. Deux puits permettent d'y puiser l'eau avec une outre en peau de bouc ; leur façade, bronzée par les siècles, porte, gravés dans la pierre, des versets du Koran. Un Arabe remplit les jarres en ligne contre le mur, et les conducteurs les chargent au fur et à mesure sur leurs ânes.

Sur une éminence voisine s'élève le marabout de Bou-Jaffar, haute construction percée de rares fenêtres, dont la porte monumentale s'orne d'un encadrement vert et rouge. Son allure sévère lui donnerait l'apparence d'un fort, si une belle couba ne rappelait sa destination. Le vent a accumulé à l'entour des montagnes de sable dans lequel on enfonce jusqu'à mi-jambe ; quelques figuiers égayent de leur feuillage ce coin brûlé, et la mer l'enveloppe de sa nappe bleue.

Je suis revenu à Sousse par la plage. L'eau, d'une limpidité étonnante, laisse voir des roches brunes s'étalant sur le fond en ondes successives comme de la boue pétrifiée. Dans une anse, des femmes arabes dégraissent la laine par un procédé très simple : elles la piétinent, la pétrissant avec une argile spéciale ; elles l'enfoncent ensuite sous l'eau, l'attachent à des poutres ou à des pierres et la laissent flotter quelque temps au gré des lames. L'opération continue jusqu'à ce que la laine soit bien nettoyée et blanche.

On fait un grand commerce de cette laine à Sousse, et la région environnante, le Sahel, fournit principalement le marché qui se tient à la porte de la mer, Bab-el-Bahr. Des caravanes de chameaux, des arabas chargées de ballots stationnent à l'ombre des murailles, au milieu d'une houle de burnous. A travers les amoncellements des blanches toisons, les acheteurs circulent, examinent, discutent les prix, et à la porte les employés de l'octroi, un carnet à la main, pèsent et taxent la laine au milieu du tumulte et des réclamations.

Il se tient encore au même endroit un marché de bœufs, de vaches et de moutons, sorte de foire analogue aux nôtres. Il y a aussi le marché aux poteries sur le quai de la mer; les gargoulettes, les plats, les pots de toutes formes et de toutes nuances s'empilent comme des obus le long des murs auprès des tentes où sont installés les marchands. J'y ai trouvé des vases pleins d'intérêt par leurs formes antiques et de curieuses lampes en terre verte à pied, et même à deux étages.

CHAPITRE XVI

La ville, étranglée dans son enceinte, n'a forcément que des rues étroites ; l'espace est mesuré, et il faut aussi s'abriter du soleil et des bourrasques de la mer. Elle est traversée en entier par une rue principale qui part de la porte du haut, Bab-el-Rarbi, pour aboutir sur le quai, et qui passe dans un petit souk, peu important si on le compare à ceux de Tunis. Au pied de la Kasbah, une petite place déserte sépare les fortifications de la porte Bab-ed-Djedid. Des marabouts aux coubas élégantes, une tour quadrangulaire avec son dôme supporté par quatre ogives, en font le coin le plus coquet de Sousse. Dans le bas de la ville, les rues sont commerçantes et animées ; leur étroitesse les fait paraître plus actives encore. Plus on monte, plus elles deviennent silencieuses, et dans le haut ce sont des coulées de maisons blanches au travers desquelles scintille le bleu de la mer. Des fenêtres de la Kasbah, l'impression est encore plus vibrante : les terrasses, d'un éclat aveuglant, mêlées aux minarets et aux tours de l'enceinte, se déroulent par gradins sur un fonds d'outremer intense.

Les habitants de Sousse ont la face dure, anguleuse et l'allure rude des hommes de leur tribu, les Soussi. Ce n'est ni la finesse distinguée du Tunisien, ni la maigreur et les proportions sculpturales de l'Arabe du Sud ; c'est quelque chose d'intermédiaire. Les attaches sont lourdes, engorgées, les mains velues et les pieds grossiers ; mais l'œil est hardi la démarche énergique. Leur vêtement est sobre ; la gandoura brune, sans ornement, à manches courtes, le large turban et la culotte

courte. Les pieds et les jambes sont habituellement nus. Les jours de fête, le Soussi revêt
une gandoura d'un rouge sombre, garnie de
broderies vertes ; ici on ne voit pas les riches
costumes de Tunis. Les femmes sortent peu
et enveloppées d'un gros haïk de laine
blanche.

C'est à Sousse que, pour la première fois,
j'ai vu des fumeurs de kif. Le kif, préparé
avec les feuilles et les graines du chanvre
indien, est pour les Arabes ce qu'est l'opium
pour les Chinois. Il se fume dans de petites
pipes, et ceux qui en usent ont la face abrutie
et hébétée des alcooliques ; j'ai vu plusieurs
fois un vieux fumeur de kif dont le corps
était continuellement agité de tressaillements
convulsifs.

Les Juifs sont nombreux à Sousse, Juifs indigènes et Juifs italiens. Ils ont gardé le costume et les mœurs de tous les Juifs de la
Régence. Le commerce de la ville est tout
entier entre leurs mains. J'eus l'occasion for-

tuite, ces jours derniers, de voir une noce chez eux. Passant un soir avec des amis, vieux habitants de Sousse, auprès d'une maison juive, nous entendîmes un grand bruit de chants et de musique. La curiosité nous fit jeter un coup d'œil par la porte entr'ouverte, et l'un de mes compagnons fut reconnu par le maître du logis qui nous invita à entrer.

C'était une noce; dans une salle vivement éclairée par des bougies, des femmes, des fillettes et des hommes en habits de fête étaient assis sur un double rang de bancs et de chaises. A une extrémité, le rabbin, grand vieillard à barbe blanche, lisait la Bible en hébreu devant un prie-Dieu couvert de soie et de fleurs; des chandeliers dorés, à plusieurs branches, l'éclairaient. On nous fit asseoir et on nous apporta du *mastic,* espèce d'anisette dont les Juifs sont friands. La mariée, jolie, pas trop grosse encore, vêtue de soie aux couleurs criardes, était couverte de bijoux et portait sur la tête un petit hénin d'or fin, semblable aux couffias des femmes arabes. Dans l'assistance, il y avait aussi de fort jolies fillettes, en larges pantalons, le foulard roulé autour de la tête.

La lecture dura un bon quart d'heure, entremêlée d'exhortations aux époux, auxquelles du reste je ne compris rien. Puis la musique, une viole, une flûte et une tarbouka, se mit à jouer des airs nasillards, vagues interprétations de refrains français, pendant qu'on buvait à la ronde. La cérémonie menaçait de durer longtemps, et, d'autre part, la chaleur mêlée à une odeur particulière aux Juifs indigènes et aux vapeurs du mastic devenait insupportable, et nous profitâmes, mes amis et moi, de l'entrée de nouveaux arrivants pour nous éclipser.

Outre les Juifs, commerçants inoffensifs, Sousse a le bonheur de posséder des Maltais et une colonie de Siciliens qui est une jolie collection de gredins. Au-dessus du cimetière arabe, ils se sont construit un hameau qui pourrait s'appeler Coquinville mieux que partout ailleurs.

Depuis deux jours, les Arabes sont entrés dans le Rhamadan; c'est le mois du carême musulman. Aussi le mouvement habituel s'est-il ralenti d'une façon sensible : il n'y a plus de caravanes aux portes, et beaucoup de boutiques sont à peine ouvertes. C'est que les prescriptions religieuses ne sont pas lettre morte. Pendant ce mois, les musulmans jeûnent toute la journée (il est même défendu de boire un verre d'eau et de fumer une cigarette) et ne mangent qu'après le coucher du soleil. Tout le monde sans exception se soumet à ces prescriptions rigoureuses, et tel Arabe qui en temps ordinaire ne se fait pas scrupule de boire du vin et de l'absinthe, s'astreint, en Rhamadan, au jeûne de rigueur. Seuls en sont exemptés les voyageurs et les soldats. Le commerce et le travail sont en partie arrêtés : il faut ménager ses forces. Un Arabe dont j'ai commencé une étude ne veut même plus poser. Du reste, la chaleur du jour devient forte, et les marchands commencent à faire la sieste.

Mais, le soir, c'est autre chose; à peine le soleil couché, au moment où paraît la première étoile, un coup de canon parti de la Kasbah annonce la fin du jeûne. Aussitôt une grande rumeur monte de la ville et tout s'agite; les cigarettes s'allument, les gens sortent affairés, et les cafés maures s'emplissent. Les boutiques et les souks s'illuminent et prennent un air de fête au milieu des fleurs et des parfums.

Après s'être copieusement rassasiés, les habitants sortent en foule; il y a foule au bord de la mer, foule dans les rues débordantes de gaieté, foule dans les souks. Des concerts s'improvisent partout. Les souks sont de beaucoup l'endroit le plus intéressant; j'y passe mes soirées avec quelques amis. Vers dix heures, lorsque les boutiques se ferment, de nombreux Arabes s'entassent et s'assoient sur les trottoirs du souk; des gamins vendent pour une *caroube* des bouquets de jasmin et de roses qui embaument, et tous les hommes en fichent un sous le turban au-dessus de l'oreille. D'autres enfants vendent des gâteaux, des pâtisseries et des sucreries arabes.

Enfin, on apporte au centre du souk une chaise très élevée. Un vieillard à barbe vénérable y monte gravement, s'assoit et, d'une voix forte, réclame le silence : c'est un conteur. Aussitôt tout le monde se tait et devient attentif; on n'entend que le bruit lointain d'une chanson arabe raclée par quelque violon juif. Le conteur promène son regard sur l'assistance et commence son récit : c'est habituellement un conte des *Mille et une Nuits*. Le début est lent, il parle doucement; peu à peu il s'échauffe, la voix prend de l'éclat, les saillies se succèdent sous les rires de l'auditoire. Pendant une heure, quelquefois plus, il tient les assistants sous le charme. Puis, fatigué, il remet la suite au lendemain, et la foule s'écoule dans les cafés ou rentre chez elle. Une partie de la nuit se passe en réjouissances, à boire et à manger. Le lendemain au point du jour le jeûne recommence, et ainsi de suite pendant un mois; aussi, à la fin, les figures amaigries des Arabes attestent-elles la fatigue et le manque de sommeil.

J'ai vu, il y a quinze jours, une tempête, un cyclone plutôt, comme il en arrive rarement, même par ici. Subitement, après déjeuner, le ciel, qui jusque-là n'était que légèrement couvert, s'obscurcit tout à fait; en même temps s'élevait un vent terrible, et une houle violente agitait la mer. En quelques minutes d'énormes vagues d'un jaune sale arrivaient du large, escaladaient avec fracas le quai et le balayaient. Cependant le ciel charriait de gros nuages jaunes, bruns, violets, sur un horizon rouge illuminé d'éclairs; on eût dit des tourbillons de fumée d'un gigantesque incendie, et ce ciel effrayant me rappela exactement ceux que j'avais vus dans certaines marines de Joseph Vernet et qui jusque-là m'avaient paru invraisemblables.

La tempête soulevait avec fureur les vagues en montagnes énormes, comme si elle eût voulu les projeter dans le ciel. Les embarcations du port, secouées comme des coquilles de noix, disparaissaient dans l'écume et craquaient sur leurs amarres; plusieurs barques même enlevées par les lames étaient jetées à la côte, où elles se brisaient. Heureusement toutes étaient vides, à part toutefois une grosse tartane arabe ancrée près du ponton des douanes. On la voyait paraître et disparaître dans les vagues, secouée, roulée comme un bouchon. Si les ancres cassaient, les hommes qui la montaient étaient perdus.

De l'estacade, le capitaine du port leur fit lancer une amarre pour les rattacher à la terre ferme; après plusieurs tentatives infructueuses, ils parvinrent à s'en emparer. Mais presque aussitôt elle se brisait avec une des ancres, et le navire, n'étant plus maintenu

SOUSSE — VUE DU PORT

que d'un côté, tournait, virait, sur le point
de sombrer à chaque instant. Sur le port,
toute la population accourue attendait hale-
tante un dénouement tragique. On aperce-
vait les matelots arabes de la tartane agenouillés et implorant le ciel. Il n'y avait qu'une
ressource, essayer d'atteindre la terre en cou-
pant la dernière ancre; c'est ce qu'on leur fit
comprendre par signaux, et bravement ils
larguèrent leur dernière amarre. Alors, avec
une rapidité inouïe, le navire enlevé par les
lames fut jeté sur le rivage, où il s'ensabla.
L'équipage heureusement sauvé sautait à
l'eau et gagnait le quai au milieu des félicita-
tions de la foule.

Les environs de Sousse sont plus intéressants comme culture que comme paysage;
des routes bordées d'oliviers et de cactus traversent un pays mamelonné. L'olivier en
fait principalement la richesse. La campagne,
très étendue, se parsème de villages parfois
très importants, comme Kala-S'rira et Kala-

Kebira. De divers points on a sur la ville, à travers les arbres, des aperçus très décoratifs.

A peu de distance, la petite ville de Monastir est un but agréable d'excursion. J'y suis allé dernièrement avec plusieurs officiers de la garnison. Partis de bonne heure en voiture, nous avions parcouru plusieurs kilomètres au milieu des plantations d'oliviers, lorsque la route déboucha sur une grande plaine herbeuse. Sur notre droite, il nous semblait apercevoir un lac d'un bleu profond dont nous distinguions nettement les anses, les rochers et jusqu'aux arbres qui l'entouraient. La carte n'en faisait pas mention, et chacun se perdait en conjectures sur ce pays inconnu. Seul le cocher italien prétendait que c'était un effet de mirage, et il avait raison, comme nous le prouva la suite. En effet, la route décrivait une très forte courbe, et, bien que changeant d'orientation, le lac était toujours visible du même côté. Il nous accom-

pagna ainsi quelque temps et disparut brusquement.

Monastir est une jolie ville arabe bâtie sur
la mer, qu'elle domine de ses formidables
remparts ; la Kasbah, perchée sur les rochers
de la côte, sert à l'heure actuelle de caserne
aux tirailleurs. En dehors des murs, des jardins et un coquet marabout enveloppé de
verdure égayent une plaine plate et couverte
d'oliviers. Ce jour-là il y avait fête ; une
grande quantité d'indigènes entouraient le
marabout et s'y livraient aux plaisirs les plus
variés. Après une promenade en mer, nous
sommes revenus par le même chemin, mais
nous n'avons pas revu le petit lac bleu.

CHAPITRE XVII

KAIROUAN. — ARRIVÉE. — LE MONTREUR
DE NAJAH. — LE DAR CHEMLA.

Le Rhamadan a transformé Sousse en ville
morte, et j'émigre à Kairouan pour y passer
l'été. Je suis parti par le chemin de fer,
c'est-à-dire le Decauville, ou mieux le
tramway; car il est traîné par des chevaux.
On a dû renoncer à la vapeur, les rampes
construites à la hâte par le génie étant trop
raides pour les locomotives. On se sert donc
de chevaux, pauvres bêtes achetées à vil prix,
et qui galopent pendant tout le trajet; s'ils
crèvent en arrivant, ce n'est qu'une perte de
cinq ou six francs pour l'entreprise.

Au sortir de Sousse la route gravit une
côte plantée d'oliviers, et on se trouve aussitôt sur un immense plateau, tantôt inculte,

tantôt semé d'orge et de maïs. Des nuées de cailles et de grosses alouettes se lèvent au passage de la voiture; dans les endroits couverts de cactus, de grands serpents verts, même des najahs, fuient à toute vitesse, effrayés par le bruit. C'est le pays de prédilection des najahs, comme Gabès celui des vipères à cornes.

Un arrêt : nous sommes à l'Oued-Laya, petit poste de relais. Des ruines romaines, des débris de tours et des colonnes sont épars aux environs; quelques champs d'orge, puis un campement de nomades dont les femmes s'arrêtent pour nous voir passer. Les enfants agitent leurs chéchias crasseux. Au sommet d'un pli de terrain on aperçoit, à gauche, une large tache argentée; elle grandit et semble un bras de mer à reflets métalliques : c'est la Sebkhra de Sidi-el-Hani, ancien lac desséché et couvert d'une couche de sel qui lui donne ces reflets étranges; on retrouve le même aspect dans les Schott du Sud.

Mais voici le camp de Sidi-el-Hani : un monticule, des baraquements rouges, deux coubas et un marabout. C'est la grande halte, et tous les voyageurs descendent. Le camp date de l'expédition, et il était alors très important ; maintenant il n'y reste qu'un détachement de tirailleurs, de l'artillerie et de l'administration. Il est infesté de najahs ; il faut leur faire une chasse sérieuse, et on en tue tous les jours. On se rafraîchit à la cantine, et on regagne le train au son de la trompe du conducteur. Les malheureux chevaux ont un air de plus en plus lamentable ; heureusement, nous sommes aux deux tiers de la route. La voie ferrée descend dans une sorte de grande cuvette fermée par des hauteurs et au milieu de laquelle se trouve Kairouan, que masquent encore de petites collines. L'hiver, les torrents des montagnes font déborder les deux oueds, l'Oued Zerroud et l'Oued Merguelil, qui se réunissent auprès de la ville et l'entourent, souvent pendant plusieurs mois, d'une nappe d'eau qui interrompt les communications. Nous traversons le camp des tirailleurs, des baraquements entourés de jardins, et une longue ligne de murailles surgit surmontée de minarets : nous sommes arrivés.

De l'extérieur, Kairouan présente un aspect écrasé qui ne répond pas à ses dimensions. Le tramway s'arrête à la gare, figurée par un vieux wagon attaché à la barrière du camp, et j'y trouve le lieutenant V..., frère d'un de mes amis de Tunis. On me casera provisoirement dans une chambre vacante, en attendant le logement d'un capitaine qui rentre à Sousse. Pour le moment, nous allons au Cercle militaire. Nous entrons dans la ville par Bab-Djelladin, grosse porte crénelée, munie d'une herse et pourvue d'énormes vantaux de bois; une cour intérieure la sépare d'une seconde porte. Nous sommes dans la rue principale, garnie au bas de belles maisons à portes ouvragées; elle se resserre ensuite pour s'évaser en une large avenue bordée de mosquées et de minarets dont les coupoles et les murs jaunes se teintent, sous le soleil couchant, d'un rose délicieux. Des boutiques arabes y sont accolées, et les marchands prennent le frais, assis sur des nattes. Devant un café maure, les nattes et les consommateurs ont envahi la rue, qu'un Arabe arrose de temps à autre pour entretenir la fraîcheur; quelques bourriquots attardés passent au petit trot, portant leurs maîtres.

Nous sortons par la porte de Tunis, Bab-el-Tunis, peuplée de boutiques et de cafés, et nous sommes sur une grande place vigoureusement éclairée par les derniers rayons du crépuscule. Au fond, les maisons et les terrasses du quartier des Slass silhouettent capricieusement sur un ciel embrasé, et sur les côtés les fortifications alignent leurs créneaux. Des petites boutiques en planches, des cafés maures l'environnent, achalandés d'une nombreuse clientèle.

D'un groupe compact, qui stationne au

milieu de la place, partent des chants accompagnés de musique. Curieux, nous fendons la foule des spectateurs, car c'est un spectacle : un montreur de serpents. Grand, maigre, la barbe et les cheveux longs, en gandoura blanche, il évolue au milieu d'un cercle d'Arabes, chante, danse et court, suivi docilement d'un grand najah de deux mètres qui se dresse jusqu'à la ceinture d'un homme. Il prend le serpent dans ses bras, l'enroule autour de son corps, lui ouvre la gueule, y met une partie de sa tête, le tourne, le soulève, et finalement le met dans un sac.

Pendant ce temps, la musique fait rage ; le flûtiste et le joueur de tarbouka, deux compères à mine joyeuse assis côte à côte, sont bien amusants ; bras dessus, bras dessous, tandis que l'un souffle dans une flûte primitive en roseau, l'autre joue avec ses doigts sur l'instrument l'air qui lui convient. Après le najah, c'est le tour d'autres serpents. Il y en a de diverses espèces ; un entre autres, d'un beau vert clair, se tient debout sur sa queue.

Nous entrons au cercle dans une grande cour garnie de tables; une salle basse, voûtée, à gros piliers, sert de café pour le mauvais temps. Je me trouve au milieu de bons camarades, très gais et sans souci. La vie d'Afrique libre, mais souvent pénible, donne aux officiers qui y vivent une franchise d'allure et une cordialité que l'on ne rencontre guère que là. J'ai dîné ce soir à leur pension, la popote. Elle est installée dans une maison arabe, et la cuisine, faite par des troupiers, anciens cuisiniers, est excellente. Il est vrai qu'on fait venir de France tout ce qui manque ici, et l'on y trouve, ô surprise, du beurre de Bretagne et du fromage de Brie. La soirée se passe sur la terrasse du cercle, où l'on savoure la fraîcheur de la nuit, et, à dix heures, conduit par mon ami le lieutenant, je gagne la chambre qui m'est destinée.

J'habite auprès des remparts et contre une

jolie zaouïa, Sidi-Abd-el-Kader, dont le muezzin m'a réveillé ce matin en criant la prière.
La maison, moitié arabe, moitié européenne,
s'appelle le Dar Chemla, du nom de celui qui
l'a bâtie. Ce Chemla était un Juif qui fit for-
tune, lors de l'expédition de Tunisie, comme
fournisseur de l'armée française. Plus tard,
des marchés frauduleux le firent condamner
à une grosse amende, et sa maison fut confis-
quée par l'État.

C'est une singulière maison; les portes, en
mauvais bois, ne ferment plus, les plafonds
tombent et les murs se lézardent. Au rez-de-
chaussée, un Juif a établi un café maure;
d'autres Juifs, des Italiens, habitent les étages
inférieurs, et les derniers sont réservés à des
officiers de tirailleurs. Une sorte de concierge,
Salah, ancien déserteur algérien, dit-on, passe
sa journée accroupi à la porte et, le soir, se
grise abominablement. Au dernier étage, un
couloir qui en fait le tour est orné d'une mar-
quise en bois découpé et peint comme un

décor de théâtre. Deux terrasses dominent la ville, dont les maisons grises et lézardées s'entremêlent d'une quantité prodigieuse de minarets et de coubas ; il est vrai que Kairouan a été ville sainte pendant plusieurs siècles et la résidence des Kalifes.

A part les gazelles du caïd Sidi-Abd-er-Rhamman qui s'y promènent, la petite place que j'ai sous les yeux est déserte. Le soleil y tombe d'aplomb, reflété par le mur blanc de l'enceinte, sur lequel les jeunes Arabes exercent leurs dispositions artistiques : il est en partie couvert de dessins au charbon représentant des lions apocalyptiques et des palmiers extraordinaires. Par delà une campagne brûlée, où il n'y a guère que des cactus, s'allonge à perte de vue jusqu'aux montagnes voisines de l'Algérie ; à deux kilomètres, on distingue la masse blanche et les minarets de la mosquée du Barbier.

Le tirailleur qu'on m'a donné pour m'aider dans mon installation vient de m'acheter des nattes et des cruches en terre pour l'eau ; il a même fini par dénicher un verre et une cuvette, mais non sans peine. Dieu soit loué ! A onze heures, lorsque le lieutenant V... vient me prendre pour le déjeuner, tout est fini.

CHAPITRE XVIII

HISTORIQUE. — LES RUES, LES SOUKS.
— UNE SOIRÉE AUX SOUKS.

Kairouan, d'après les historiens arabes,
date du septième siècle. Elle fut bâtie par
Sidi-Okba, un des conquérants de l'Islam,
qui a laissé son nom à la grande mosquée.
La légende raconte que la plaine de Kairouan, couverte de broussailles et de maré-
cages, était un repaire de reptiles et de
fauves dangereux. Sidi-Okba les somma de
partir au nom de Dieu et débarrassa ainsi
l'endroit, où il éleva la ville et la grande mosquée; l'emplacement de cette dernière lui fut
désigné par une voix divine.

Ce fut pendant plusieurs siècles une puissante cité, résidence des Kalifes arabes, no-

tamment des Aglabites. On voit encore, dans un rayon de plusieurs kilomètres autour de la ville actuelle, des restes nombreux de voies, des traces de maisons. La mosquée du Barbier, qui est aujourd'hui à deux kilomètres des murs, était, au dire des historiens, dans l'intérieur de Kairouan. J'ai remarqué plus d'une fois, en allant à cette mosquée, de grands espaces où les constructions en brique affleurent encore le sol; on distingue même l'emplacement carré des maisons. Les mêmes historiens prétendent que sa population était d'un million d'habitants et donnent le nom des quartiers disparus.

La ville fut prise et reprise maintes fois pendant les guerres et les révolutions, et ses murs d'aujourd'hui furent bâtis seulement il y a deux siècles par un ancêtre du bey actuel. On conserve dans les archives les comptes des travaux, et l'on y voit que les maçons étaient payés à raison de douze sous par jour et avaient droit au pain et à l'huile; c'était

moins cher qu'à notre époque. Tout un sys-
tême de canaux et d'égouts, maintenant abandonnés, mais dont il subsiste des débris, en-
tretenait la propreté et la salubrité. Il y avait
dans les archives bien des ouvrages curieux
d'histoire arabe; malheureusement, dans les
premiers temps de l'occupation, beaucoup
furent égarés et volés, et le peu qui en reste
n'a pas été traduit.

La plupart des rues n'ont pas de pavé;
c'est la terre, ou plutôt une sorte de terreau
accumulé par les siècles, qui en tient lieu.
Aussi, dès qu'il tombe une forte pluie, il s'en
exhale une odeur de fumier des moins agréables. Comme dans tous les pays chauds, les
voies sont très étroites et contournées de façon
que, excepté à midi, où le soleil est perpendi-
culaire, il y ait toujours un côté dans l'ombre
pour abriter les passants. La réverbération de
la lumière est telle qu'elle éclaire les ombres
de reflets extraordinaires et fatigue extrême-
ment les yeux. Aussi est-ce le pays des oph-

talmies et des aveugles. On en rencontre à chaque instant ; ils sont si habitués aux rues qu'ils se guident seulement avec un bâton et évitent avec adresse les autres personnes. Souvent ce n'est que par hasard que l'on s'aperçoit de leur cécité.

La ville est très ancienne ; beaucoup de ses maisons sont lézardées, et elles ont toutes un ton roux qui, dans l'ombre, leur prête des effets croustillants. Beaucoup portent des moucharabis sur leur façade, espèces de tourelles carrées qui s'avancent au-dessus de la rue. Elles ont, ou des fenêtres très anciennes recouvertes en partie de plaques de fer, ou des grillages plus récents en fer forgé, et leurs grosses portes à clous gardent toute leur originalité mauresque.

La grande rue, l'artère principale de la ville, est en même temps le marché. C'est là que s'installent en plein vent les bouchers et les marchands de légumes ; des monceaux de pastèques, de melons, s'y mêlent aux rouges tomates. Au milieu de la chaussée, une file de petits marchands alignent leurs boutiques sommaires, une table et une chaise, où s'accumulent les fruits, les sucreries et pâtisseries arabes ; une natte ronde est disposée sur trois perches de façon à tourner avec le soleil et à garantir ainsi le marchand et ses produits. Une foule considérable, aux costumes clairs, circule avec les chameaux et les bourriquots ; de graves personnages portent dans un filet les légumes et la viande qu'ils viennent d'acheter, les femmes n'allant jamais elles-mêmes au marché. On n'y voit pas d'Européens, à peine par hasard quelque Sicilien dépenaillé. Sur les côtés, quantité de boutiques vendent la mercerie, les étoffes, les épices ; des nattes remplacent l'auvent et garantissent les acheteurs du soleil violent qui inonde le marché et rend éblouissants les murs et les mosquées voisines

Auprès de la mosquée du bey, Djâma-el-Bey, se tient le marché aux grains, une halle couverte où s'empilent les sacs d'orge. Tout près un barbier rase la pratique sur le devant de sa porte. Très curieux les barbiers de Kairouan; moitié perruquiers, moitié chirurgiens, ils manient la lancette, saignent, posent des ventouses comme les anciens figaros d'Espagne, dont ils sont les parents. La saignée, du reste, est très usitée dans les pays maures, et souvent on voit des chevaux dont une saignée à l'épaule fait jaillir le sang. C'est, paraît-il, d'après l'avis même des vétérinaires, une pratique excellente contre les insolations après une longue traite.

Au milieu du marché on entre aux souks par une voûte très haute. La principale industrie est la sellerie, qui est très estimée; j'y ai admiré des selles et des harnachements en velours rouge et violet, dont les broderies d'or et d'argent sont des merveilles de goût. On y fabrique également toutes sortes de bibelots en filigranes. A côté des selliers, les cordonniers occupent plusieurs souks consécutifs; des approvisionnements considérables de bottes et de pantoufles jaunes attestent l'importance de ce commerce.

Je m'arrête quelquefois auprès de la boutique d'un cordonnier arabe dont je suis le client. Aidé d'un apprenti, il travaille sur une chaise basse ou un bloc de bois. Une semelle de cuir est étendue sur une forme en fer; il la recouvre soigneusement de rognures de cuir qu'il maintient à l'aide d'un mastic jusqu'à l'épaisseur voulue, et applique dessus une seconde semelle. Saisissant alors un marteau, il la bat vigoureusement, et avec une alêne coud le tout ensemble; un coup de tranchet égalise les contours. Puis il ajoute le dessus et le talon découpés dans du cuir jaune. Il aime à causer, et, tout en travaillant, il m'amuse par ses réflexions.

Le souk aux forgerons a un cachet original : à ciel ouvert, il n'est garanti du soleil que par des branchages entrelacés et noircis par la fumée des forges. En y pénétrant, on n'aperçoit d'abord rien qu'une buée bleuâtre rayée de quelques coups de soleil ; par contre on a les oreilles brisées par le bruit des marteaux. Peu à peu on distingue les êtres humains, les forgerons et leurs apprentis tout en blanc, l'outillage, le feu et l'enclume. Devant une forge un cavalier arabe en bottes rouges examine un mors et en discute le prix ; car on y fabrique aussi bien les étriers et les pièces du harnais que la serrurerie du bâtiment.

Un peu plus loin, le souk aux tapis, calme et sans bruit, est bondé de tapis pour la plupart de fabrication locale et très prisés dans la Régence. Voici les *margoums* aux losanges rouges et verts imitant des pierreries, les *klimes*, plus vulgaires, avec leurs rayures transversales, les *zerbias*, de haute laine, aux couleurs et aux dessins variés. Leurs colorations vives, quoique harmonieuses, ne plairaient guère aux Parisiens, habitués aux tons sourds des tapis dits d'Orient.

Des imitations de fabriques allemandes commencent à envahir les souks. A Kairouan, la fabrication des tapis est soumise à un droit, et chaque tapis mis en vente doit être estampillé, par un employé *ad hoc,* du timbre officiel constatant le payement des droits. Un marché à la criée est adjoint au souk; mais ce genre de vente se fait également dans les rues. Le crieur les parcourt avec un âne chargé des tapis à vendre et crie le dernier prix offert; la tournée terminée, il rend compte des offres au vendeur et, s'il accepte, revient auprès du plus offrant. Sur la vente, il a une commission.

En ce moment, à cause du Rhamadan, le soir, les souks sont illuminés; c'est beaucoup mieux qu'à Sousse. J'y suis allé passer plusieurs soirées avec les officiers de tirailleurs; nous nous asseyons devant un café maure où il y a des musiciens arabes. Tout à l'entour, les auditeurs à demi couchés sur des nattes écoutent avec sérieux en fumant leurs cigarettes.

L'orchestre se compose de trois Arabes musiciens et chanteurs à la fois : le plus vieux, à barbe blanche et en turban vert (un pèlerin de la Mecque), est le chanteur principal; il joue en même temps de la *tarbourka* d'une façon remarquable. Un autre tient le *bandire* ou tambourin, et le troisième le *rebba,* sorte de violon ancien.

Ils commencent en mineur une chanson arabe douce et plaintive, et les voix des trois hommes se marient agréablement aux sons des instruments. La cadence est lente au début; puis le chant s'anime, l'accompagnement le suit, s'agite, gronde, et tout à coup la phrase du commencement revient, calme et douce, et finit sur un point d'orgue. C'est d'une harmonie fine, délicate et bien différente de la prétendue musique arabe des beuglants juifs de Tunis. On se laisse bercer délicieusement par cette musique rêveuse et ces sons assourdis qui semblent lointains comme la vie des peuples passés. Je ne suis pas le seul à éprouver cette impression ; les quelques paroles que j'échange avec mes voisins me prouvent qu'ils la partagent. Les chansons se suivent et se succèdent, et l'on est toujours sous le charme. Cependant la soirée s'avance, et un capitaine fait observer qu'il y a exercice le lendemain de grand matin. Tout le monde se lève alors, on se sépare, et chacun rentre au logis.

CHAPITRE XIX

Dès les premiers jours, j'ai visité les mosquées ; Kairouan est la seule ville tunisienne
où les Européens y soient admis, et j'en ai
largement profité. A première vue, on ne
s'explique pas pourquoi il en est ainsi dans la
Ville sainte et capitale religieuse. La raison
en est que, lors de l'expédition, les troupes
françaises ayant pénétré dans les mosquées,
elles sont considérées depuis par les musulmans comme profanées. On peut donc y entrer avec la permission de l'*oukil* (administrateur) et sous la surveillance des gardiens.

La plus importante est la Grande Mosquée,
la mosquée de Sidi-Okba. Les proportions en
sont gigantesques et laissent bien en arrière

celles de nos cathédrales. L'enceinte de murs énormes (sept à huit mètres d'épaisseur), soutenue de contreforts, occupe plus d'un kilomètre carré. A l'est, quatre tours surmontées de coupoles y donnent accès par des portes en bois sculpté ; à l'ouest, la même disposition se reproduit, à part une porte centrale en plus décorée d'arabesques et de colonnettes. Au nord, le minaret, d'une très grande hauteur, supporte deux étages plus petits et se termine par une légère coupole. Au sud, une belle couba à base polygonale et le dôme central complètent l'ensemble. Tous ces dômes sont recouverts de grosses côtes qui les font ressembler vaguement à des melons ; c'est spécial à Kairouan.

En entrant on se trouve dans une cour immense comprise entre le minaret et la mosquée ; elle est dallée de marbre et contient une citerne qui, dit-on, peut fournir la ville d'eau pendant un mois ; un socle de colonne isolé porte un cadran solaire horizontal. Des

arcades soutenues par trois colonnades en
font le tour et conduisent à la bibliothèque,
aux bureaux et aux logements des étudiants
et des pèlerins. Des lampes de mosquée en
bois peint, suspendues par des chaînes de fer,
servent à les éclairer pendant la nuit.

La porte du milieu, qui s'ouvre sur la colonnade, est très haute ; les vantaux qua-
drillés sont sculptés et l'encadrement revêtu
d'entrelacs et d'arabesques ; les autres portes
ont la même disposition, mais en plus petit.
L'intérieur est grandiose : une forêt de colonnes (environ deux cents) s'éclaire du demi-
jour mystérieux qui tombe de la coupole, à
travers les broderies merveilleuses de l'orne-
mentation arabe ; des tapis, des nattes recouvrent le dallage, et il y règne un silence absolu. L'architecture frappe les visiteurs par
sa grande simplicité et ses masses imposantes.
Une niche, décorée de faïence et soutenue
par des colonnes de porphyre rouge, indique
la direction de la Mecque.

La chaire à prêcher est un chef-d'œuvre de sculpture sur bois ; elle se compose de petits panneaux d'entrelacs géométriques dont aucuns ne se ressemblent et qui furent, dit-on, rapportés de Perse vers le douzième siècle. Des lustres énormes en bois supportent une pyramide de lampions. Les gardiens ont un procédé peu banal pour les éteindre : ils les soufflent avec une rapidité surprenante à l'aide d'un long tube recourbé.

Parmi les innombrables mosquées de la ville, une surtout possède un cachet particulier ; de son nom véritable mosquée Sidi-Amer-Abbada-Mrabbet, elle a été baptisée par les Français mosquée des Sabres. Elle est grande et porte cinq coubas réunies en un seul groupe ; l'intérieur est nu, sauf les murs que décorent des versets du Koran gravés en relief. Les lettres arabes, d'une dimension considérable, sont d'un effet original. On y voit également des sabres gigantesques portant écrites sur les lames des prophéties dont une annonce l'entrée des Français à Kairouan.

Dans une cour, on montre également des ancres en fer colossales qui pourraient bien provenir des vaisseaux de Charles-Quint ou d'autres conquérants européens. La légende rapporte que Dieu révéla en songe au marabout Sidi-Amer l'endroit où elles gisaient dans la mer depuis des siècles, à Porto-Farina, et lui ordonna de les amener à Kairouan. Celui-ci alla trouver le bey, qui fit faire des sondages ; on découvrit les ancres, et, selon l'ordre divin, on les transporte à Kairouan, non sans peine, vu leur poids.

En dehors de la ville, la mosquée consacrée à Sidi-Sahab, le barbier du Prophète, est un bijou d'architecture. A l'époque de la splendeur de Kairouan, elle était dans l'enceinte ; maintenant elle en est éloignée de deux kilomètres. Tout ce que la civilisation arabe a produit de plus parfait comme architecture, faïence, marbre, stuc, s'y trouve réuni. Des panneaux de faïence d'une seule pièce, longs d'un mètre cinquante et où l'imagination décorative des Arabes s'est donné libre carrière, sont de véritables tours de force de céramique. Des ornements de stuc s'enroulent sur les murs en cercles entrelacés, en étoiles, ou transforment les voûtes ajourées en fines dentelles sur l'azur du ciel. Les caissons des plafonds sont de bois peint et sculpté, et ces merveilles de décoration sont obtenues par une simplicité de moyens étonnante.

Au-dessous de la couba principale, au centre, une grande porte à deux battants, encadrée de sculptures de marbre, conduit au tombeau du barbier. Deux fenêtres de même style et grillées laissent passer une lumière adoucie. Le tombeau est une simple pierre environnée d'étendards, d'étoffes précieuses, d'œufs d'autruche et de tapis de prix; un grillage en fer défend ces richesses contre les profanateurs. Les Arabes viennent

y faire leurs dévotions, souvent de fort loin :
au moment où j'y entrais, deux habitants de
la Mecque et un Égyptien, reconnaissables à
leurs costumes, étaient en prière auprès du
tombeau.

Non loin de là, en rase campagne, il existe
un immense bassin creusé, disent les historiens arabes, par un khalife de la dynastie
des Agglabites ; il en porte du reste le nom.
D'une profondeur de dix à quinze mètres, il
peut avoir approximativement cent mètres
de diamètre et porte un revêtement de pierre
dure ; une terrasse est établie sur un petit
segment de sa circonférence avec des prises
d'eau.

Au milieu, une vasque en marbre blanc
semble une coupe géante. La légende raconte
que ce bassin servait aux khalifes pour des
fêtes nautiques et qu'ils s'y tenaient alors
avec leur cour. Le bassin contient assez d'eau
pour alimenter la ville pendant de longs mois.
Aux temps anciens, un affluent de l'Oued-

Zéroud le remplissait à la saison des pluies ; mais, à la longue et par suite de la négligence des gouverneurs, les conduites se sont obstruées, et il fallait les grandes inondations de l'hiver pour obtenir le même résultat. Maintenant la conduite d'eau de Chérichéra à Kairouan déverse dans le bassin son trop-plein, qui forme ainsi une réserve. Les réservoirs de ce genre étaient communs à l'époque arabe, et on voit encore d'autres bassins plus petits aux environs de la ville.

Outre les mosquées, il y a une quantité considérable de zaouïas où se fait l'enseignement religieux et où se réunissent les confréries pour chanter et prier. Je suis voisin de la principale, Sidi-Ab-el-Kader-ed-Djilali. Elle est habitée par une seule famille ; les femmes y sont admises, viennent y faire des vœux et quelquefois une retraite de plusieurs jours.

Tous les vendredis (dimanche arabe), il y a des chœurs remarquables, et je ne manque jamais d'être, vers les deux heures, seul ou avec des amis, sur ma terrasse. Depuis que je suis en pays arabe, je n'ai rien entendu de semblable à cette musique, tout à l'opposé de la nôtre comme mesure et comme accords. Abondante en harmonies étranges, inattendues, belles cependant, elles se rapprocheraient un peu de l'ancien plain-chant ou du choral protestant.

Des voix de soprani très élevées et très pures conduisent le chant et brodent à volonté sur un thème fantaisiste, passant d'un ton à un autre avec une extraordinaire facilité. Les trilles, les gammes chromatiques, les traits rapides, les changements continuels de mesure, deviennent un jeu : ce sont des arabesques musicales. L'accompagnement, très simple, se compose souvent du seul mot : Allah! en diverses tonalités; les deux parties, basses et barytons, le répètent alternativement en écho. Le finale se termine par des envolées de notes et une sorte d'*Ite missa est;*

puis la voix grave de l'imam prononce lentement une bénédiction. N'était la fantaisie des
chanteurs, on aurait l'illusion, par moments,
d'une superbe messe en musique.

CHAPITRE XX

LA CHALEUR. — LEVER DE SOLEIL. — LE SOIR SUR LES TERRASSES.

Tous les jours la chaleur augmente. Le thermomètre marque à l'ombre régulièrement 40 degrés et arrive même à 45. Au soleil, c'est une température de feu; on se croirait dans un four. Les mains et les parties du visage que le casque ne protège pas éprouvent la sensation de brûlure que cause un brasier. La peau exposée à l'air est sèche; en revanche on ruisselle de sueur sous le vêtement. Je constate dehors le même phénomène qu'au bain maure : à l'ouverture des narines la respiration produit une sensation de fraîcheur analogue à celle d'une goutte d'eau.

On comprend l'utilité du volumineux turban des indigènes pour garantir la nuque des insolations. Cependant, les gamins arabes courent tête nue au soleil, et leur corps n'est guère mieux protégé par une gandoura de toile blanche, ou du moins qui le fut. Malgré le nombre respectable de ses degrés, la chaleur est supportable; elle est très sèche et ne cause pas le malaise et l'oppression des chaleurs humides des pays tempérés. Je respire librement et me sens vif et gai sous cet implacable ciel bleu. Il faut en excepter toutefois les jours de siroco; alors, dans une atmosphère étouffante, on est aveuglé par des tourbillons de poussière et forcé de rentrer à la maison. Même là, on subit une sensation d'étouffement et de dépression pénibles, ce que doit éprouver un poisson hors de l'eau.

Depuis quatre mois il n'a pas plu; l'eau commence à manquer dans les citernes, et celle qu'on en tire est boueuse et empestée. La conduite des sources de Chérichéra n'est pas terminée, bien qu'elle soit commencée depuis trois ans, et il faut s'approvisionner dans les mosquées, dont les citernes sont vastes et bien entretenues. Si la sécheresse continue, il faudra, comme il y a deux ans, réglementer les prises d'eau et mettre des factionnaires aux puits.

Est-ce l'effet de la chaleur ou de la soif? je remarque un changement dans les allures de mes amis du cercle. Ils deviennent nerveux, grincheux; pour un rien ils s'irritent et se regardent en chiens de faïence. Le docteur prétend que cet état nerveux est une maladie commune à tous les postes militaires : il y a la kairouanite, la gafsite, la gabésite, etc. Et, de fait, cette chaleur torride et continue surexcite le cerveau et les nerfs.

Il n'y a guère de fraîcheur qu'au coucher et au lever de soleil; la nuit, le thermomètre marque encore trente degrés, et les maisons, surchauffées pendant le jour, gardent leur température étouffante. On emploie toutes sortes de moyens pour obtenir de l'eau relati-

vement fraîche : au cercle, une grosse gargoulette en terre poreuse, couverte de drap
mouillé, est maintenue en mouvement par un
troupier pour faciliter l'évaporation et le refroi-
dissement. D'autres gargoulettes, bien rem-
plies, sont mises en réserve dans la citerne.
On obtient ainsi de l'eau à quinze ou vingt
degrés qui semble très fraîche. Heureusement,
deux fois par semaine, on reçoit de Sousse
quelques kilos de glace; alors c'est fête au
cercle. Une affiche dans la cour annonce la
bonne nouvelle, et le soir tout le monde est au
complet; à dix heures, par exemple, il ne
reste plus un atome de glace.

Après la grosse chaleur du jour la nuit est
délicieuse : le ciel est constellé d'étoiles, et la
lune éclaire silencieusement la ville endor-
mie, découpant sur les murs les ombres fantastiques des terrasses et des mosquées. On
s'écoute vivre dans ce grand calme interrompu
à peine par le bruit lointain d'une tarbouka
ou les youyous des femmes. Devant les portes,

il faut quelquefois enjamber des Arabes couchés sur des nattes. Quand il fait clair de lune,
le docteur et moi nous noctambulons par les
rues, en philosophant et en causant de la
France, qui est si loin; quelquefois même,
évoquant quelque réminiscence d'opéra, nous
réveillons au passage un dormeur qui mur-
mure entre ses dents : « Francis maboul! »
Cette promenade dure une partie de la nuit,
et nous nous reconduisons réciproquement,
jusqu'à ce que le sommeil nous force à rega-
gner nos domiciles respectifs. Là, c'est autre
chose : on étouffe. Aussi j'ai pris le parti de
dormir les fenêtres ouvertes, et, à part quelques scorpions et chauves-souris, je m'en
trouve bien.

Le matin à quatre heures et demie la
fraîcheur me réveille, jointe aux allées et ve-
nues des ordonnances qui arrivent chez mes
voisins. C'est le meilleur moment de la journée; je me lève et vais respirer le frais sur la
terrasse. Je vois alors l'aurore aux doigts de

rose entr'ouvrir les portes de l'horizon comme aux temps du vieil Homère. Les maisons, les terrasses, sont encore noyées dans une vapeur indécise, les coupoles se détachent lourdement sur un ciel terne, et déjà les premières lueurs rayent les fonds gris de jets lumineux. Le bas du ciel se teinte en rose, les ondes lumineuses s'agrandissent, l'espace bleuit, et brusquement une ligne d'or surgit aveuglante à l'horizon. C'est le jour : les coubas blanchissent et s'éclairent, les terrasses se dessinent, et des tourbillons de martinets remplissent l'air de leurs cris joyeux. Une brise légère se lève et rafraîchit l'atmosphère encore chaude de la nuit. A ce moment part du minaret de la grande mosquée la voix puissante du muezzin qui appelle les fidèles. Comme à un signal, tous les autres muezzins lui répondent, et la prière arabe s'étend sur la ville qui s'éveille.

Il est interdit aux hommes de monter sur les terrasses ; elles sont réservées aux femmes,

KAIROUAN — VUE DU QUARTIER SLASS

et c'est leur salon en plein air. Le règlement est encore en vigueur, mais les Européens s'en affranchissent souvent, et on ferme les yeux. Dans la journée on n'y voit personne, à part quelques femmes qui y font sécher du couscous; mais dès que le soir arrive, les femmes paraissent avides de respirer. Une à une, on les voit sortir du petit abri qui termine l'escalier, et en peu de temps les terrasses sont garnies. Alors ce sont des jeux, des appels, des rires; elles passent d'une maison à l'autre, jouant et se poursuivant comme des enfants.

Là, loin du regard des hommes, il n'y a pas de contrainte : elles n'ont pas de voile. Vêtues de gaze, les bras nus, une fouta de couleur autour des reins, un foulard noué sur la tête, elles s'ébattent avec insouciance.

Souvent, je m'amuse à les regarder; elles me connaissent de vue et ne s'en effarouchent pas. Parfois, par groupes de rieuses, elles vont avec mille précautions jeter un regard indiscret ou de petits gravats dans la cour d'une voisine; si celle-ci crie, les interpelle, c'est une débandade générale avec des rires fous et les mines les plus drôles.

Cette terrasse a failli dernièrement m'attirer des désagréments avec la police indigène. Je rentrais vers minuit en compagnie d'un lieutenant de mes voisins, lorsqu'un bruit rapproché de musique et une forte odeur de parfums nous firent monter sur la terrasse : il devait y avoir quelque fête dans les environs. Nous ne nous étions pas trompés ; dans une cour voisine, les femmes étaient en réjouissances. Enlever nos coiffures et nous dissimuler dans l'ombre fut l'affaire d'un moment.

Dans la cour, sur deux gros brasiers, une négresse brûlait les parfums dont l'odeur nous avait attirés ; trois femmes, accroupies contre un mur, jouaient de la tarbouka et de la guitare. Nous n'apercevions que la coiffure des autres, mais nous entendions distinctement leurs voix. Au milieu, une d'elles, vêtue de gaze blanche, dansait, et on distinguait aux rayons de la lune ses colliers et sa couffia étincelante. Les bras arrondis, elle semblait presque immobile et comme soulevée par une force aérienne, tandis qu'elle modulait des youyous tantôt éclatants, tantôt à peine sensibles (le youyou est un trille que les femmes arabes exécutent du gosier et qui s'entend très loin). Celle-ci en tirait un parti admirable, le réglant sur sa danse.

Nous regardions, charmés de cette bonne aubaine ; malheureusement, peu à peu nous avions quitté notre abri pour mieux voir, et tout à coup nous fûmes découverts. Une femme nous aperçut, et ce fut un coup de théâtre : la danse cessa, et nous n'avions pas encore eu le temps de battre en retraite que des voix d'hommes, celles des gardiens de nuit, nous interpellaient, nous menaçant de « moussié la coumissaire ». Inutile de dire que nous nous empressâmes de nous esquiver.

CHAPITRE XXI

LA MOISSON. — FANTASIA. — MON RESTAURANT.

Une forte épidémie de variole et de fièvre typhoïde ravage la ville : toute la journée, je rencontre des enterrements et j'entends les cris de désespoir des femmes qui ont perdu leurs enfants. La garnison est éprouvée aussi ; la diphtérie s'est abattue sur le camp, et une partie du bataillon est à l'hôpital. Mon ami le docteur n'a pas un moment à lui, et on ne le voit plus que par échappées. Le soir nous sommes peu nombreux au cercle, à peine cinq ou six ; les autres sont malades ou en permission. Quelqu'un me conseillait hier d'aller à Sousse ; mais je persiste à rester, je veux profiter de mon séjour ici, et jamais Kairouan ne m'a paru plus intéressant.

La moisson est commencée dans le faubourg des Slass; je vois passer des chameaux et des arabas chargés de paille et de grain. Ce matin, je me suis dirigé vers leur quartier, et insensiblement je suis arrivé en rase campagne auprès des moissonneurs. A un kilomètre environ des murs, ils ont établi une aire gigantesque où ils battent le blé. Des montagnes de paille s'entassent autour des tentes brunes qui abritent les femmes, et le sol disparaît sous une couche dorée de menue paille. Hommes et enfants y travaillent sous un soleil terrible; les hommes, en turban et en gandouras de toile, ramassent la paille avec des fourches, des râteaux, ou battent la récolte.

Ce battage très primitif se fait avec les chevaux; on les attache par de longues cordes à un piquet, et on les fait courir en cercle comme dans un manège. Leurs sabots détachent les grains, et on enlève la paille; celle-ci est hachée menue, les chevaux arabes ayant l'habi-

tude de la manger courte. Voici le procédé :
on attelle deux chevaux à un traîneau de bois
monté sur des roues tranchantes en acier,
qui font l'office de hache-paille, et le conducteur, debout sur le véhicule, lance les chevaux à fond de train en décrivant des cercles
concentriques. A l'ombre derrière les grosses
meules, les petits Arabes se roulent à terre, et
des bourriquots, la tête basse et pensive, ont
l'air de réfléchir à leur triste destinée.

C'était hier le 14 juillet, et l'administration
française avait organisé une fête : des drapeaux, des guirlandes de palmes entremêlées
de lampions tricolores, voire même un feu
d'artifice tout comme dans une sous-préfec-
ture. Heureusement il y avait une fantasia,
et c'est une compensation.

Dès la veille, la ville était envahie par des
groupes nombreux de cavaliers aux costumes
multicolores qui venaient de toute la région
prendre part à la fête. Du moment qu'il y a
de la poudre à brûler et un emplacement pour

caracoler, l'Arabe laisse tout, met son plus
beau vêtement, selle son cheval, et le voilà
parti à quatre ou cinq jours de marche de son
douar, s'il le faut. Paraître, faire du bruit,
parader avec fracas, voilà son rêve. Tel qui
passe ventre à terre, en habits superbes et
poussant des cris de guerre, n'a pas mangé
depuis la veille; qu'est-ce que ça lui fait, s'il
produit son effet?

A trois heures de l'après-midi, sous un
soleil brûlant (45° à l'ombre), des centaines
de cavaliers étaient massés dans la plaine de
Kairouan auprès de l'estrade officielle, et des
milliers de spectateurs indigènes formaient
une masse bariolée de couleurs où dominaient
le blanc et le rouge.

Les cavaliers, tous de la grande tribu des
Slass, portent le costume maure : justaucorps
en soie jaune ou orange, à manches flottantes,
gilet clair ainsi que la culotte bouffante, bas
blancs avec souliers de couleur ou bottes
en cuir rouge. Le large turban blanc et la

ceinture de soie complètent l'équipement de l'homme. Pour le cheval, une selle arabe en velours richement brodée d'argent ou de filigrane jaune et vert, une bride et un poitrail également brodés, des étriers en fer damasquiné et sur le dos une longue housse d'étoffe éclatante rappellent les harnachements du moyen âge. Ajoutez à cela un cimeterre ou un sabre touareg en forme de croix placé sous la selle et le fusil qu'agite l'Arabe, et vous aurez l'aspect d'un cavalier qui va à la fantasia.

Le signal est donné, et d'une extrémité de la piste se détache un cavalier, puis un deuxième, un troisième et ainsi de suite. L'homme dressé sur ses étriers lance une invitation ou un défi en agitant son fusil à tour de bras : il ne fait qu'un avec son cheval. C'est une trombe, un tourbillon de poussière, un galop enragé au milieu des cris sauvages et des coups de feu.

Quelquefois deux Arabes courent ensemble,

côte à côte, l'un s'appuyant sur la selle de l'autre. Cinq ou six ennemis les poursuivent à fond de train et les chargent d'imprécations : c'est une chasse à l'homme. Les fuyards se retournent sur leur selle, tirent, chargent leurs armes et recommencent. Peu à peu, hommes et chevaux se grisent ; c'est un emballement général, un nuage de poussière dans lequel on distingue à peine des turbans, des jambes de chevaux et la lueur des fusils. C'est sauvage, mais c'est beau. La foule, curieusement penchée, approuve, grogne ou rit lorsqu'un fusil rate. Les chefs, cadis, muphtis, caïds, drapés majestueusement dans leurs burnous au premier rang, font contraste par leur calme avec cette scène tourmentée.

Maintenant, voici le tour des chevaux savants, des airs de manège, et la *nouba* entre en scène. Elle se compose de deux vieux Arabes à barbe blanche : l'un souffle dans une clarinette, l'autre frappe d'un bâton un gros tambour. La clarinette s'avance vers un cheval dont le maître est presque debout sur ses étriers. Il approche son instrument des naseaux de l'animal et commence à danser en jouant un air plaintif comme ceux des binious bretons; et c'est un spectacle curieux de voir ce vieillard danser à reculons devant le cheval qui le suit et l'accompagne des pieds et de la tête. Ils marchent, avancent, retournent sur leurs pas, s'arrêtent, tandis que le cavalier, les bras croisés et les rênes pendantes, contemple avec un sérieux imperturbable les prouesses de son coursier.

En voici un autre dont le cheval tourne en cercle, au galop; il se lève, monte sur la selle, en descend, se couche en travers et ramasse un foulard jeté sur le sable; un autre encore tout de jaune habillé lance son cheval, l'arrête net, le remet au galop et tourne dix ou douze fois à angle droit dans un espace de quelques mètres. La bête saigne des flancs, écume du sang, et paraît à chaque bond sur le point de rouler à terre. En somme, ce sont des exercices de cirque, surtout intéressants par le milieu dans lequel ils se produisent.

Le seul qui vaille véritablement la peine d'être noté, c'est la rencontre de deux cavaliers qui se chargent et s'attaquent au sabre ; ils ont une souplesse et une adresse vraiment remarquables, qu'ils s'attaquent de front ou qu'à moitié couchés sur la selle ils croisent le fer de côté. Les chevaux, du reste, s'y prêtent d'une façon admirable.

Tout le monde est admis à concourir à ces sortes de joutes ; mais il n'y a guère que les meilleurs écuyers qui s'y présentent. Lorsqu'un d'eux se distinguait spécialement, le caïd Abd-er-Rhamman le faisait appeler auprès de lui : l'Arabe s'approchait tout joyeux, embrassait l'épaule du caïd et, après avoir reçu un compliment, s'éloignait fier de cette marque de faveur.

A la fin, le signal du départ fut donné par Abd-er-Rhamman, qui monta sur un coursier

superbe, noir comme de l'ébène et tout har-
naché de velours violet. Le caïd est un des
chefs les plus importants de la Tunisie : grand,
bien découplé, sa figure mâle éclairée de
grands yeux bruns s'encadre d'une barbe
noire. Il a l'allure imposante des grands sei-
gneurs arabes.

Le soleil descendait sur les montagnes du
Zagouhan ; toute la foule reflua sur la ville,
dont on voyait les murailles et les mosquées,
et cette multitude de burnous blancs et de
cavaliers cheminant sur les traces du caïd,
faisait penser involontairement aux descriptions de l'Évangile où le Christ entraîne à sa
suite une foule de peuple.

Dans la ville, la fantasia se continua malgré
le crépuscule, jusqu'à ce qu'il ne restât plus
de poudre aux Arabes : la première place
qu'ils rencontraient se transformait aussitôt
en champ de courses. Et moi, je suis allé
tout simplement dîner avec des amis au restaurant où je prends pension.

Un vrai type, notre hôte, bon géant auver-
gnat de six pieds, ancien mineur devenu gargotier je ne sais comment; il faut l'entendre
avec son accent inimitable répondre aux observations des clients : « Mais, mochieu, jé
né chuis pas cuijinier, jé chuis mineur! » Sa
clientèle se compose d'officiers d'artillerie,
du train et de quelques fonctionnaires. Au
demeurant, c'est un excellent homme qui n'a
que le tort de nous servir, par cette chaleur
atroce, de la morue salée et des haricots secs
en guise de légumes. Il parle toutes les langues, français, italien, arabe, mais en auver-
gnat. Son aide, un moricaud du nom d'Hamed, est bien le singe le plus paresseux du
monde; accroupi dans un coin, il regarde
paisiblement son maître se démener, ou, s'il
veut travailler, il casse tout ce qu'il touche,
jusqu'à ce que son patron exaspéré lui crie
dans son jargon universel : « Hamed! aspète
un p'tit chouïa! » traduction : « Hamed!
attends un peu! »

Le matin, on déjeune dans une salle bien abritée du soleil; mais, le soir, notre père nourricier, rempli de prévenances, installe ses tables en plein air au pied des murs de la ville. L'idée n'est pas mauvaise, et la vue est jolie. La porte Djelladine se profile sur le ciel et le quartier slass, un café maure voisin étend ses nattes jusque sur la route, et ses lanternes de papier fichées sur des bâtons imitent une fête de nuit; des chameaux, des bourriquots attardés rentrent à la ville, et les petits marchands de jasmin courent, pieds nus, annonçant leurs bouquets : « Iasmine ! iasmine ! »

Sur une natte, un nègre chante d'une voix nasillarde une complainte de son pays en s'accompagnant d'une sorte de mandoline à trois cordes, le *gombrit;* c'est un récitatif mélancolique et monotone entremêlé de notes pincées à vide. Tout ce décor dans les lueurs du crépuscule est d'une harmonie étrange, qui porte à la rêverie et fait que les plus indifférents même parlent à demi-voix.

CHAPITRE XXII

C'est l'époque des fêtes et des réjouissances; depuis quelque temps je viens d'en
voir plusieurs, dont la plus importante est la
fête du mouton. Aussi les Arabes pauvres
vendent-ils leurs étoffes et leurs tapis à bien
meilleur marché pour réunir le pécule néces-
saire à l'achat du mouton de rigueur. A la
grande mosquée, il se fait aussi une cérémonie religieuse où l'on bénit les pèlerins
partant pour la Mecque. Prévenu la veille,
par un gardien, je m'y rends à cinq heures
du matin. Elle est comble, et j'y aperçois
beaucoup de femmes arabes; ce jour-là, par
exception, elles peuvent y entrer ainsi que

les enfants, qui sans respect du lieu piaillent, se poussent et jouent sur les nattes. L'imam est monté en chaire et, après un discours, donne sa bénédiction aux pèlerins prosternés. On sort; les portes sont garnies de boutiques en plein vent où se débitent, à la grande joie des enfants, du nougat, des pâtisseries et des sucreries. Au moment où l'imam descend les marches de la porte principale, un Arabe tranche la tête d'un mouton, et le sang rouge coule à flots sur le marbre des dalles.

Alors, de tous côtés, le massacre des moutons commence dans la ville; chaque famille abat le sien, et les rues se transforment en boucheries. Devant les maisons, trois perches réunies au sommet supportent l'animal, qu'on dépèce séance tenante : les tripes et les os régalent les chiens, et l'on emporte dans la maison les bons morceaux pour festoyer toute la journée et toute la nuit.

Peu après, c'était la fête des enfants, qui

dure plusieurs jours, pendant lesquels la ville leur appartient. En costumes de fête, ils s'empilent dans des arabas et parcourent les rues, riant, criant et gesticulant comme des fous. Le soir, ils allument de grands feux sur toutes les places avec le bois et l'alfa qu'ils ont pu se procurer, et se livrent autour à des danses et à des rondes folles. Bientôt il ne reste plus que des cendres grises qu'ils éparpillent dans toutes les directions. Cette coutume ressemble assez aux feux de la Saint-Jean qu'on allume encore en Bretagne et dans certains pays de France.

Malgré la chaleur, on se marie à Kairouan; je viens de voir coup sur coup trois mariages, et, avant d'en décrire les cérémonies, j'ai tenu à me renseigner exactement sur le mariage en lui-même.

Chez les Arabes, c'est le mari qui apporte une dot ou plutôt un douaire à sa femme : une partie est attribuée à la famille de la mariée; le reste appartient en propre à la jeune femme, non compris les cadeaux, bijoux, tapis, etc. Lorsque les conditions ont été débattues et acceptées par le fiancé et le beau-père, le notaire dresse un contrat, et la noce commence.

Pendant trois jours, dans les deux familles, ce ne sont que festins et réjouissances, mais séparément, c'est-à-dire que chaque famille célèbre à part le joyeux événement. On invite les amis, on boit, on mange, on chante surtout. Si vous passez le soir devant la porte toute grande ouverte du marié, vous apercevez une foule compacte accroupie sur des nattes : ce sont les parents et les invités. Ils chantent à tue-tête des versets du Koran, en se balançant en cadence ; si ce n'était la profusion des bougies et les rafraîchissements que font circuler les serviteurs, on se croirait à la mosquée.

Enfin, arrive le quatrième jour, le grand jour, celui qui doit consommer le mariage. Vers le crépuscule, le marié est conduit par ses amis à la mosquée, où il va implorer les bénédictions d'Allah. La nuit tombe ; des groupes de curieux se forment devant la porte. Peu à peu cela grossit et forme une masse compacte de turbans, de robes et de burnous. Tout à coup éclate un chœur puissant et large, quelque chose d'analogue à la *Marche des Pèlerins,* de Félicien David : c'est le marié qui sort.

Le cortège se forme aussitôt et se met en marche. Généralement, l'Arabe appartient à une ou deux corporations ; elles sont toujours représentées. Dans le cortège que je décris, il y avait deux associations : les talebs (étudiants, écrivains) et les Aïssaouas (confrérie religieuse). En tête, au milieu de la foule, marchent lentement les talebs, sur deux rangs et dans une tenue relativement digne, comme il convient à des gens bien posés. Derrière eux, à vingt pas environ, suivent les Aïssaouas, hurlant, braillant, dansant avec un bruit infernal de tam-tam et de ferrailles.

En avant, un grand diable règle la marche avec des gestes désordonnés, et, auprès de lui, un enfant porte un vase en terre, plein d'huile, où brûle une mèche énorme. Dès qu'un tam-tam se détend par l'humidité de la nuit, il est placé au-dessus de cette flamme et reprend aussitôt sa rigidité. Le petit bonhomme qui porte l'huile est très curieux : nu jusqu'à la ceinture, la tête rasée, excepté sur le sommet où flotte la mèche traditionnelle, la face éclairée en dessous et très grave, il troue la cohue d'une tache claire au milieu de la fumée. On dirait quelque gnome fantastique échappé d'un comte d'Hoffmann.

Une buée lumineuse, des cris, des éclats de rire annoncent le marié. Au centre d'un cercle d'enfants porteurs de petits cierges réunis en éventail, il s'avance lentement, bien lentement, tout de blanc habillé. Un burnous de laine blanche très fine lui couvre la tête et lui donne un faux air de femme arabe ; par une fente de l'étoffe, on aperçoit seulement un coin du nez et un œil noir. De grands drapeaux rouges et verts flottent sur sa tête comme un dais. Devant lui marche à reculons, gesticule et gambade un nègre à gilet rouge ; il a l'air de bien s'amuser aux dépens du malheureux, si j'en juge par les éclats de rire de la galerie. Les lazzis, les brocards pleuvent comme grêle ; mais le marié, impassible, continue sa marche, s'arrête, puis repart, et ainsi de suite. Le pauvre homme !

Je laisse passer le cortège, et je m'écarte un peu pour mieux saisir l'ensemble. Dans la rue étroite et tortueuse où nous sommes, le coup d'œil est fantastique : les vieilles maisons arabes prennent des silhouettes grises, étranges, sur un ciel complètement noir; les moucharabis qui surplombent, les énormes grillages à ventre rebondi qui garnissent les fenêtres, la fumée rougeâtre des torches, la houle des turbans qui s'agitent, les cris, les chants et le bruit assourdissant des tam-tams, tout cela forme une scène curieuse et empoi-

13.

gnante. C'est un beau dessin de Doré avec la réalité en plus.

On est arrivé devant la maison de la jeune fille. La terrasse est couverte de femmes dont les coiffes claires se détachent sur le ciel ; et, au moment où le marié paraît, elles le saluent par des *ious ious* prolongés. Tout le monde pénètre dans la maison, excepté le futur mari, qui stationne à quelques pas, entouré de ses torches et de ses drapeaux.

Dans la cour brillamment illuminée, on s'entasse le long des murs, tandis qu'au milieu les Aïssaouas se livrent à leurs exercices habituels avec accompagnement des tambourins et des tarboukas. Puis, tout se tait ; une voix d'homme s'élève claire, chantant une chanson en l'honneur de l'époux ; les Aïssaouas l'accompagnent de leurs cris gutturaux, ces cris qui tiennent du fauve, et marquent la cadence par des trépignements. Lorsque le chanteur a fini, la voix dure et sèche du cheick de la corporation appelle, en quelques mots brefs, la bénédiction du ciel sur le nouveau couple, et de nouveau partent comme des fusées les *ious ious* des femmes. La foule s'éloigne calme et paisible, les lumières s'éteignent, et l'on n'aperçoit plus que la chambre nuptiale, fermée par un voile rose derrière lequel s'agitent des ombres féminines.

Dans quelques minutes, l'époux entrera à son tour et pénétrera dans le sanctuaire, où on le laissera en tête à tête avec sa femme. Chez les Arabes riches et bien élevés, il se contente de prendre un bracelet ou un collier et le montre aux femmes réunies dans la cour, pour indiquer sa prise de possession. Chez les pauvres, le procédé est plus brutal : l'homme jette par la porte la chemise de sa femme, preuve irrécusable de sa vigueur, et c'est alors un concert de *ious ious* à se boucher les oreilles. Enfin chacun rentre chez soi, et l'épouse ne quitte la maison paternelle que quelques jours plus tard.

Depuis quelque temps, je travaille dans la cour de la Grande Mosquée. Je suis installé sous la colonnade, à l'abri du soleil, et, tout en peignant, je m'initie aux cérémonies et aux habitudes de la mosquée. Tous les jours, vers deux heures, un des professeurs vient faire son cours aux étudiants; adossé à une des portes, il s'assoit sur une natte, et ses élèves, également assis, l'entourent d'un demi-cercle respectueux. Il commente le livre arabe qu'il tient à la main et s'exprime avec une grande facilité. On devine, à la figure attentive des jeunes gens, qu'il sait captiver son auditoire. Un élève lui soumet-il une observation, un argument, il l'écoute, répond et ne s'arrête que lorsqu'il a convaincu son contradicteur. Tout cela simplement, sans pédantisme, et je pense à Platon et aux philosophes grecs qui professaient ainsi dans les jardins de l'Académie.

L'été touche à sa fin; nous entrons en octobre, et la chaleur décroît sensiblement; je

vais rentrer à Tunis. J'en ai besoin ; l'été m'a
beaucoup fatigué, et il me faut un climat plus
doux. D'autres raisons encore m'y détermi-
nent ; mes vêtements, usés jusqu'à la corde
malgré les savantes reprises d'un Juif du
souk sont en piteux état, les semelles de
mes souliers menacent de me quitter, et je n'ai
plus ni couleurs ni toile à peindre. Je vais
donc quitter la ville sainte, quoiqu'à regret ;
mais j'emporte des études et des impressions
que je ne retrouverai probablement nulle
part.

CHAPITRE XXIII

DE TUNIS A AÏN-DRAHAM. —— SOUK-EL-ARBA.
—— LA KROUMIRIE.

J'ai passé l'hiver à Tunis, et le printemps
commence; je vais pouvoir aller en Kroumirie, dont on m'a fait des descriptions allé-
chantes. Justement, j'ai reçu, ces jours derniers, une lettre d'un lieutenant de zouaves,
mon ami V..., qui est en ce moment au camp
d'Aïn-Draham. La neige qui couvrait les montagnes a disparu, et il m'attend : je prendrai
le chemin de fer de Bône jusqu'à Souk-el-
Arba, d'où je gagnerai en voiture le massif
d'Aïn-Draham.

Je me décide, et à quatre heures du matin
j'arrive à la gare d'Algérie ; le soleil n'est pas
encore levé, et on frissonne sous un ciel gris.

Il y a peu de voyageurs : deux Juives italiennes s'engouffrent dans mon compartiment avec quatre ou cinq marmots pleurards, et le train part.

L'air du matin est vif; l'aurore commence à rougir la plaine et les grandes arches de l'aqueduc qui amenait l'eau de Zaghouan. A la Manouba, on s'arrête quelques minutes : le quai est envahi par des marchands d'oranges qui les offrent à très bas prix (deux centimes environ pièce), et, comme elles sont délicieuses, elles ont du succès.

Nous entrons dans la vallée de l'Oued-Medjerda : voici Djedeïda, Tebourba, petites villes perdues dans les oliviers. Le chemin de fer côtoie la rivière, bordée par places de ruines romaines. Le terrain ne produit plus que de la brousse, des bruyères et des lauriers; au fond, des montagnes calcaires montrent leurs sommets crayeux. A Béjà, on ne voit que la gare : la ville est à plusieurs kilomètres.

Puis, la ligne ferrée s'engage dans les montagnes boisées où zigzague l'Oued; l'eau verdâtre sur un lit calcaire est boueuse, la berge escarpée, sauvage. Maintenant le côté droit s'abaisse, la montagne recule, et la Medjerda coule à pleins bords dans une plaine marécageuse et déserte. Les derniers contreforts de la Kroumirie se couvrent d'une verdure terne; il bruine, et on se croirait en France.

Souk-el-Arba; il faut descendre. La gare, petite, entourée d'eucalyptus, donne sur une place à maisons mesquines. L'hôtel voisin est assez propre : c'est de là que partira dans deux heures la voiture d'Aïn-Draham. En attendant, je déjeune et je parcours le village; il n'a qu'une rue et me rappelle Gabès, avec sa population de Juifs, de Français et d'Italiens plus ou moins pendables.

Des Kroumirs en burnous sales, l'air misérable, passent dans les rues. Leur type est tout à fait particulier et distinct des autres

Arabes : des yeux bleus et une forte moustache blonde les feraient presque prendre pour des Européens déguisés. Une petite église et une école, toutes deux en briques, représentent les monuments importants de la localité, et, contre la gare, des jardins bien entretenus entourent les maisons qu'occupent les employés de la ligne. Au delà de la voie, des soldats du train sortent avec des mulets d'un camp en planches entouré de cabarets, et la maison du Contrôle contraste, par sa construction soignée, avec toutes ces masures. Dans le fond, on voit les hautes crêtes de la Kroumirie détacher leurs masses sombres sur un ciel gris.

A mon retour, devant l'hôtel, je trouve le courrier en train d'atteler ses chevaux, deux pauvres rosses, à une mauvaise carriole couverte en cuir. Le siège est encombré de paniers, et le conducteur a l'air d'un Maltais ; l'équipage me promet de l'agrément pour la route. Nous sommes deux voyageurs, et, paraît-il, ça n'arrive pas tous les jours ; parfois même le service est arrêté, faute de clients. Après une demi-heure d'attente, mon compagnon de route arrive ; c'est une jeune femme qu'accompagne sa famille. On s'embrasse et les chevaux partent au petit trot.

Aux dernières maisons, la voiture prend la route d'Aïn-Draham, dont les rubans serpentent au loin sur les montagnes, et nous passons auprès de plusieurs gourbis ; ce sont des amas de paille et de plâtras d'où sort un peu de fumée ; des loques pendent tout autour, et des enfants accroupis nous regardent passer. Quelle misère ! et comme je regrette les tentes brunes et les pays du Sud !

A un détour, nous sommes en présence d'une tranchée aux bords abrupts : c'est la Medjerda, qui coule en flots jaunes et pâteux sur un fond de vase. Le pont qui la traverse n'est pas fini, et il faut descendre à un gué en pentes rapides. Les chevaux n'ont pas de l'eau jusqu'au genou ; mais en hiver, au dire du conducteur, c'est un torrent infranchissable. Derrière nous, deux cavaliers arabes passent la rivière; ils montent la côte au trot et se séparent. L'un prend à droite à travers champs, l'autre nous dépasse, et bientôt leurs burnous bleus disparaissent dans la brousse. Ce sont les cavaliers de la poste, hommes d'un courage et d'un dévouement à toute épreuve : en toutes saisons et par tous les temps, ils partent seuls, le fusil couché en travers de la selle, et portent les dépêches, les lettres et souvent des valeurs importantes. Dans ces régions désertes, montagneuses et peu sûres, ils voyagent nuit et jour, changeant à chaque fois leurs heures de départ et leur itinéraire. Ils sont d'une honnêteté scrupuleuse (il n'y a pas d'exemple de détournements) et se contentent d'un salaire modique dont ne voudrait pas le dernier des employés français.

La route monte à travers un pays cultivé où l'on aperçoit quelques fermes sur les hauteurs ; l'orge, le blé atteignent déjà un demi-mètre de haut. De loin en loin, une agglomération de gourbis surgit au milieu des cactus ; des enfants gardent un troupeau de chèvres ou des chameaux et jouent à la paume avec des bâtons recourbés en guise de raquettes.

Et nous continuons à gravir en zigzag une route bien empierrée ; des arabas, des chameaux chargés de bois et de charbon nous croisent, et leurs conducteurs saluent à l'arabe. La nature du sol commence à changer ; il est plus aride, et la culture disparaît. Aux champs de blé succèdent des espaces couverts de petites fleurs jaunes, des chardons, des artichauts sauvages. Le rocher perce la couche végétale et sort en saillies aiguës.

Brusquement, à un tournant de route, se dresse une muraille de rochers de formes bizarres ; ce sont des aiguilles, des arêtes superposées et soudées ensemble. On a l'illusion d'une mer de métal fondu, dont les vagues, subitement figées, auraient pris la couleur du bronze. A droite, la même disposition se reproduit symétriquement, et, en avant, d'autres collines identiques se succèdent; seulement, les unes sont grises, les autres vertes, noires ou jaunes. On se croirait au milieu d'un monstrueux bouillonnement de laves qui ondoient, se poussent et se dépassent.

La végétation devient de plus en plus rare; nous n'avons pas encore atteint les hauteurs boisées qui se fondent au-dessus de nous dans le bleu. Un ruisseau suit les sinuosités de la route avec une bordure de lauriers-roses. Enfin la voiture tourne sur un plateau et s'arrête devant quelques maisons; nous sommes à la halte, à Fernana.

Tout le monde descend pour laisser souffler les chevaux et se dégourdir les jambes. Auprès des maisons, trois hommes en uniforme sont assis devant une bicoque en chaume; c'est la douane. Il y a, tout à côté, une pauvre auberge où est entré le conducteur ; je le suis et demande du café : on ne vend que du vin et de l'eau-de-vie.

Dehors, le soleil se montre et éclaire un gigantesque panorama ; au-dessus du plateau, une plaine immense, bosselée de montagnes, se noie à l'horizon dans un brouillard lumineux. Sur une côte voisine, il y a un grand marché arabe, et je distingue nettement les tentes, des carrés longs tout blancs. Des Arabes en viennent avec des bœufs et des moutons attachés par des cordes ; un Juif à cheval porte des poules à l'arçon de sa selle.

A l'extrémité du plateau, un vieux chêne isolé découpe sur le ciel sa ramure colossale. Il s'est passé à cet endroit, il y a quelques années, le fait tragique que voici : le caïd chargé par le bey de lever l'impôt sur les tribus kroumires fut attaqué, auprès de ce chêne, avec son escorte, par la multitude révoltée. Il se défendit vaillamment, et, resté

AÏN-DRAHAM — MARCHÉ KROUMIR

seul de tous les siens avec un serviteur qui chargeait ses armes, il tint quelque temps tête aux assaillants. A la fin, écrasé par le nombre, il succomba et fut massacré.

Le conducteur a fini son repas; les chevaux reposés dorment debout en allongeant sur la terre leurs ombres pitoyables : nous reprenons la route d'Aïn-Draham. Au bout d'un kilomètre, nous atteignons les hauteurs boisées; c'est un fouillis inextricable de roches et de verdure, où les chênes-lièges aux branches grises se mêlent aux arbousiers géants et aux bruyères arborescentes. C'est d'une nature grandiose et sauvage. La route en corniche suit à mi-côte une vallée profonde; cahoteuse, malaisée, elle est continuellement coupée de montées et de descentes. J'en profite pour suivre à pied et cueillir des branches de bruyère fleurie. Il y en a trois espèces : la bleue, la blanche, la rose, celle-ci très parfumée.

Nous sommes en pleine montagne. La vallée s'élargit, et de petits vallons viennent y aboutir; le soleil la coupe vigoureusement en deux parties, l'ombre et la lumière. Le haut, bien éclairé, est d'un ton violet vert-de-grisé; le bas semble couvert d'un voile sourd. Du sommet, où nous arrivons, la vue est imposante : ce n'est qu'une vaste ondulation de forêts, de cônes verdâtres ou dénudés; des sources tombent en cascades bruyantes à travers les rochers.

La descente, en pente rapide, rencontre des vallées latérales verdoyantes comme celles des forêts du Nord; un troupeau de porcs folâtre sous la garde d'un Italien, et des moutons tachent la brousse de points blancs. En face, sur le côté opposé, dans quelques maisons perdues sous les arbres, habitent les gardes forestiers. Le conducteur, avec qui je cause, me montre au loin un petit groupe de toitures rouges au pied d'une sorte de citadelle : c'est Aïn-Draham. Bientôt j'aperçois sur la route l'uniforme du lieutenant V...,

venu à ma rencontre avec un de ses camarades; ils montent en voiture, et, quelques
minutes plus tard, nous descendions devant
l'unique auberge du lieu.

CHAPITRE XXIV

AÏN-DRAHAM. — LES FORÊTS DE KROUMIRIE.
— EXCURSION A BORDJ-EL-HAMMAM.

Aïn-Draham n'est en fait qu'un camp retranché, un point stratégique, sur la frontière d'Algérie et sur la mer. Le camp est adossé à la montagne, et un bataillon de zouaves l'occupe en tout temps. Le climat est rude, mais très sain : en été, les immenses forêts qui l'entourent, et leurs sources nombreuses, entretiennent la fraîcheur et en font un séjour agréable; mais en hiver le froid et le mauvais temps y sont pénibles. Il est entouré de hautes murailles grillées, qui le mettent à l'abri d'un coup de main. Mon ami m'y a logé dans une chambre libre et, dès le soir, m'a présenté au commandant du bataillon, qui est d'une amabilité charmante.

Ce matin, à sept heures, en ouvrant ma
fenêtre, je suis surpris d'être au milieu d'un
brouillard intense. Je ne vois rien d'abord
qu'un grand voile blanchâtre; pourtant, il
me semble entrevoir par moments, à mes
pieds, des cimes d'arbres. Bientôt le lieutenant V... fait irruption dans ma chambre et
m'emmène visiter le camp et ses environs.
Le camp est fait comme tous les camps : des
baraquements en brique, des logements à
part pour les officiers et un petit cercle. Un
grand jardin cultivé par les zouaves fournit
les légumes à la troupe; c'est indispensable,
vu la difficulté des communications. Du reste,
le sol est excellent, l'eau abondante, et les
jardiniers du bataillon obtiennent des résul-
tats magnifiques.

Le terrain de gymnase, couvert d'agrès, de
banquettes et d'obstacles, est entouré d'une
admirable couronne de chênes-lièges. Cet
arbre est plus élégant, plus haut que le chêne
de nos forêts; mais son feuillage, quoique

toujours vert, paraît poussiéreux et monotone. Du point où nous sommes, on découvre les environs jusqu'à la mer. La brise se fait sentir et balaye le brouillard : la vallée semble une énorme crevasse où les pentes boisées se mêlent aux terrains rougeâtres ; au loin, la ligne grise de la mer se fond avec le ciel, et la côte découpe durement ses monticules devant la petite île de Tabarca. Le village, du même nom, s'arrondit sur une plage de sable jaune, et ses maisons, alignées avec symétrie, représentent assez bien les carrés d'un jardin anglais ; dans la prairie avoisinante, un mince filet d'argent indique le cours d'un oued et son embouchure.

Après avoir joui du coup d'œil, mon guide et moi, nous gagnons le sommet de la montagne par un sentier étroit, caillouteux, taillé dans le roc ; les pieds mal assurés glissent sur les blocs de pierre dure, et des cailloux roulent sous les talons. Tous les chemins de la montagne sont de la même nature et ren-

dent la marche difficile à celui qui n'y est
pas accoutumé. Sur notre tête, le vent chasse
les dernières vapeurs de la brume, qui s'accrochent en lambeaux flottants aux pointes
des rochers, et le soleil paraît ; les arbres
dégagent leurs grosses branches noueuses, la
bruyère parfume l'air, et les masses grises
des schistes dessinent nettement leurs formes
d'animaux fantastiques.

Après avoir contourné le sommet, nous
arrivons par un sentier à pic au col des
Vents ; une source voisine, captée pour
l'usage du camp, a fait donner à la montagne
le nom de Djebel-Bir (montagne du puits). A
nos pieds, les chênes ont l'air de gros choux-
fleurs ; sous bois, ils sont en partie décorti-
qués par les Italiens, qui ont affermé la récolte du liège. Mais les ouvriers manquent,
et l'exploitation est faible.

Dans le voisinage, un autre col, le col de
la Santé, est une étroite bande de pierres
blanches où poussent quelques plantes des

bois ; puis les forêts reparaissent, tournant en cercle dans l'entonnoir des montagnes. Des pics arides, gris, jaunes ou roses, s'étagent en marches colossales qui semblent vouloir escalader le ciel. A travers l'enlacement des branches, une petite vallée d'un vert tendre serpente dans la direction de Béja ; ses pâturages sont superbes, mais des fièvres mortelles la rendent inhabitable. D'autres vallées sont également désertes par suite de l'insalubrité de leurs marais et de leurs terres d'alluvion. Sur les pentes, la végétation est si touffue que beaucoup d'arbres morts restent debout, soutenus par leurs voisins ; quelquefois même, un chêne géant, que la foudre ou une tempête a déraciné, tombe cassant tout sur son passage, et sa cime touche presque la vallée, alors que ses racines tiennent encore au sommet de la côte.

Il y a peu d'oiseaux dans ces solitudes ; mais les hyènes et les chacals y sont innombrables. La nuit, ils rôdent partout et vien-

nent jusque dans le camp ramasser les détritus ; on les entend souvent pousser de petits
cris et gratter contre les poulaillers. Ils sont
poltrons, nullement dangereux ; par contre,
les panthères, qui abondent, causent aux
troupeaux des dommages sérieux. La forêt
abrite encore d'autres fauves, comme les
chats sauvages, les plus terribles de tous
peut-être, et quelques lions ; mais ceux-ci
deviennent de plus en plus rares.

Le soir, les croupes des montagnes s'enveloppent de la buée rouge du couchant et
semblent une réunion de monstres antédilu-
viens. Peu à peu, l'ombre des vallées monte
et les envahit ; seuls, quelques géants superbes
gardent encore, bien après le coucher du
soleil, leurs sommets éclairés, jusqu'à ce que
la nuit arrivant décolore tout et ne laisse
plus voir que des masses formidables d'un
gris sombre.

Ces jours-ci, nous avons comploté avec
mon ami le lieutenant une excursion à Bordj-

el-Hammam, c'est-à-dire la frontière algé-
rienne. Le commandant nous ayant adjoint
gracieusement un cavalier du bureau arabe,
nous en avons profité pour emporter notre
déjeuner ; l'Arabe en porte une partie, l'ordonnance le reste.

Le chemin de traverse que nous prenons
est sur la montagne opposée au camp et passe
dans les bois devant de pauvres douars jusqu'auprès d'un col. De là se déroule un panorama merveilleux sur l'Algérie jusqu'à la Calle ;
deux petits lacs, dont l'un est à Oum-Teboul,
ressemblent à deux flaques d'eau oubliées
auprès de la mer. Nous sommes à pic au-
dessus d'un abîme de verdure, et, pour descendre, il faut suivre un sentier presque per-
pendiculaire au milieu des rochers, des
broussailles et des troncs d'arbres. Malgré la
pente, le cavalier arabe nous suit à cheval :
c'est merveille de le voir, impassible sur
sa haute selle, les rênes pendantes, passer
par des endroits où, logiquement, il devrait

se rompre le cou, et je ne sais lequel des deux est le plus admirable, de l'adresse du cheval ou du sang-froid du cavalier.

Au bout de vingt minutes d'une descente précipitée, nous sommes au fond d'un ravin couvert de mousse et de grands arbres, où tombe en cascades un ruisseau. On souffle un peu ; puis, à travers une plaine de terrains arides entremêlés de prairies, nous atteignons la crête d'un vallon fortement boisé. Le chemin suit en lacet une sorte d'entonnoir où coule un oued invisible pour l'instant, mais qui mène grand fracas. Tous ses côtés sont tapissés d'une végétation de forêt vierge : les lianes, les jasmins, les chèvrefeuilles gigantesques s'entrelacent dans les arbres d'essences africaines et répandent des parfums capiteux.

Enfin, au bout de trois quarts d'heure, l'oued apparaît au fond ; de la rive à pic on voit tantôt les grosses roches de son lit faire des îlots noirs au milieu des flots d'écume, tantôt la rivière enfermer son eau verte dans un bassin tranquille où se reflètent les rochers et les arbres voisins. De grands lauriers-roses forment avec les chênes une bordure inégale d'une fraîcheur délicieuse, mais non sans danger, paraît-il, pour le voyageur qui y séjourne.

Nous traversons un gué d'un calme absolu où, à l'ombre des grands arbres, l'oued coule en murmurant sur des roches plates et arrondies. Enfin une grande plaine herbeuse, sorte de marécage où paissent quelques bœufs, nous conduit à Bordj-el-Hammam. Comme son nom l'indique, c'est une source d'eau chaude où jadis les Romains construisirent des thermes ; il n'en reste que des ruines et une colonnade à moitié enfouie dans la terre. Les Arabes viennent s'y baigner, lorsqu'ils sont malades, dans une piscine grossièrement taillée à même dans le sol. Installés sur une hauteur voisine à quelques pas de l'Algérie, nous avons déjeuné à

l'ombre, devant un riant paysage, avec l'ap-
pétit et la gaieté que donne une longue marche, puis, après avoir pris le café que nous
ont offert très gracieusement les habitants
français du bordj voisin, nous sommes revenus par le même chemin à Aïn-Draham, où
nous étions à la nuit.

CHAPITRE XXV

La grande route qui va d'Aïn-Draham en Algérie est toute différente de celle de Bordj-el-Hammam ; elle est très belle et descend la vallée de Tabarca jusqu'à côté d'un col appelé Babouch, du nom d'une auberge voisine. Elle est très encaissée dans les montagnes ; mais, par moments, à travers les arbres, on a sur la plaine ensoleillée et sur la mer des échappées superbes qui rappellent la Provence.

En laissant Babouch à gauche, on trouve la route de Tabarca, ancien port romain qui n'est plus qu'une bourgade au fond d'une anse ; l'île de Tabarca, qui est en face, possède un fort à demi ruiné, et l'on voit encore, entre la terre ferme et l'îlot, les traces du fort primitif. La population se compose surtout d'Italiens qui viennent faire la pêche des homards, très abondants dans ces parages, et des sardines qui se rapprochent de l'anchois.

Dans ces derniers temps, une société française, alléchée par des promesses gouvernementales, avait voulu y établir une pêcherie française avec des marins bretons. Mais, d'un côté, leur ignorance de la pêche en Méditerranée, de l'autre la négligence ou la mauvaise volonté des administrateurs, ont empêché en grande partie cette entreprise de réussir. Du reste, les communications par mer, les seules possibles, sont difficiles, les transatlantiques ne pouvant s'arrêter à Tabarca par la houle, faute d'un port convenable.

Les Kroumirs, dont le nom est surtout connu parce qu'ils servirent de prétexte à l'expédition de Tunisie, ont une physionomie très différente des autres Arabes. Ce sont des montagnards à figure énergique ; un teint clair, des yeux bleus et souvent des cheveux blonds leur donnent un air de famille avec les Kabyles. Très pauvres, ils vivent par douars dans les montagnes et les forêts ; quelques chefs bâtissent exceptionnellement des maisons en pierre, mais la plupart vivent dans des gourbis, abris de terre, de paille ou de branchages, que la rigueur du pays justifie. Les femmes ont un costume bleu et une coiffure carrée dans le genre des femmes kabyles.

Ils élèvent des troupeaux et cultivent les coteaux qui ne sont pas boisés. Le commerce de grains qu'ils font avec l'Algérie est considérable, malgré l'exploitation honteuse dont ils sont victimes. Comme les pâtres de la forêt Noire, ils sont grands sculpteurs sur bois, et fabriquent avec leurs couteaux des objets assez finement travaillés.

A époques fixes, ils se réunissent dans les grands marchés qui se tiennent sur les montagnes ; ils y viennent de vingt lieues de distance et y font des achats, des échanges d'animaux et de toutes sortes de denrées. J'ai vu à Aïn-Draham un marché important : de grand matin, sur la montagne, des tentes se dressaient de toutes parts, et une foule considérable de Kroumirs affluait par toutes les routes et tous les cols. Vers le soir, les tentes s'abattaient, et, au coucher du soleil, tout avait disparu.

Après être resté une quinzaine de jours à courir les environs, j'ai quitté Aïn-Draham et la Kroumirie non sans regret, et, reprenant la voiture de Souk-el-Arba, je suis rentré à Tunis.

FIN.

PARIS

TYPOGRAPHIE DE E. PLON, NOURRIT ET Cie

8, rue Garancière